新时代智库出版的领跑者

国家智库报告 2024(4) National Think Tank
国际

世界经济新格局中的欧亚经济联盟及中国的战略选择

柴瑜 王晨星 等著

THE EURASIAN ECONOMIC UNION IN THE NEW WORLD
ECONOMIC PATTERN AND CHINA'S STRATEGIC CHOICES

中国社会科学出版社

图书在版编目(CIP)数据

世界经济新格局中的欧亚经济联盟及中国的战略选择 / 柴瑜等著.
—北京：中国社会科学出版社，2024.3
（国家智库报告）
ISBN 978-7-5227-3313-5

Ⅰ.①世… Ⅱ.①柴… Ⅲ.①国际合作—经济联盟—研究—欧洲、亚洲②经济发展战略—研究—中国 Ⅳ.①F114.46②F120.4

中国国家版本馆 CIP 数据核字（2024）第 057741 号

出 版 人	赵剑英
责任编辑	黄 晗
责任校对	李 莉
责任印制	李寡寡

出　　版	中国社会科学出版社
社　　址	北京鼓楼西大街甲 158 号
邮　　编	100720
网　　址	http://www.csspw.cn
发 行 部	010-84083685
门 市 部	010-84029450
经　　销	新华书店及其他书店
印刷装订	北京君升印刷有限公司
版　　次	2024 年 3 月第 1 版
印　　次	2024 年 3 月第 1 次印刷
开　　本	787×1092　1/16
印　　张	12.25
插　　页	2
字　　数	125 千字
定　　价	68.00 元

凡购买中国社会科学出版社图书，如有质量问题请与本社营销中心联系调换
电话：010-84083683
版权所有　侵权必究

摘要： 欧亚经济联盟是俄罗斯主导欧亚地区一体化经济领域的关键机制。自 2015 年启动以来，欧亚经济联盟从组织机制、功能发展、运行模式、对外关系等各个方面取得了长足的发展。本书将从欧亚经济联盟形成意义、目标设置、发展态势、效能评估、前景研判等方面着手，多维度分析欧亚经济联盟的运行机理和发展方向，并在此基础上提出中国与欧亚经济联盟互动合作的路径选择。

关键词： 欧亚经济联盟；中国外交；区域一体化；"一带一路"

Abstract: The Eurasian economic union is the key mechanism for Russia to dominate the economic field of Eurasian integration. Since its launch in 2015, the Eurasian economic union has made great progress in organizational mechanism, functional development, operating pattern, foreign relations and other aspects. This book will analyze the operational mechanism and development direction of the Eurasian economic union in a multi-dimensional way from the aspects of the significance of the formation, goal setting, development trend, effectiveness evaluation, and prospect analysis, and on this basis, propose the path choice of interaction and cooperation between China and the Eurasian economic union.

Key words: Eurasian economic union; China's diplomacy; regional integration; "the Belt and Road"

目　录

序　言 ·· (1)

一　欧亚经济联盟的形成及意义 ························ (1)
　　（一）欧亚经济联盟的产生顺应了区域经济
　　　　　一体化趋势和国际贸易体系的变化
　　　　　趋势 ·· (3)
　　（二）欧亚经济联盟对于俄罗斯的战略意义 ······ (6)
　　（三）欧亚经济联盟对于成员国的重要
　　　　　意义 ·· (10)

二　欧亚经济联盟的目标导向 ························· (24)
　　（一）目标导向的比较研究：欧亚经济联盟
　　　　　目标对合作方向的影响 ···················· (24)
　　（二）欧亚经济联盟与其他区域一体化组织
　　　　　目标导向的国际比较 ······················ (34)

（三）欧亚经济联盟目标导向对其合作方向
产生的影响 ………………………………（46）

三 欧亚经济联盟的发展态势 ……………………（50）
  （一）基于特征事实的经济一体化态势 ………（51）
  （二）深度一体化评估 ……………………………（63）
  （三）发展态势的主要特点 ………………………（71）

四 欧亚经济联盟运行效能的综合评估 …………（74）
  （一）制度建设：具有"欧亚"特色的
      区域一体化机制初步形成 ………………（76）
  （二）经济合作：区域经济一体化效应
      喜忧参半 …………………………………（86）
  （三）政治安全合作：有限一体化下
      实现了区域政治安全的有效
      合作 ………………………………………（101）

五 中国与欧亚经济联盟的合作：前景
  与方向 ………………………………………………（110）
  （一）中国与欧亚经济联盟经济结构特点
      比较 ………………………………………（111）
  （二）中国与欧亚经济联盟贸易自由化
      评价 ………………………………………（140）

（三）中国与联盟国家贸易便利化水平
评价 ………………………………（146）

（四）中国与欧亚经济联盟贸易前景
预测 ………………………………（156）

（五）中国的战略选择："一带一盟"
对接合作的进取方向 ……………（168）

参考文献 ……………………………………（175）

序　言

当前，世界局势愈加不稳定不确定，国际贸易保护主义喧嚣尘上，以邻为壑的经贸政策影响了全球化积极作用的发挥，产业链供应链安全问题凸显；国际政治和安全领域各大势力之间矛盾和摩擦不断，集中体现在俄乌、巴以冲突上；同时，发展中国家努力争取国际事务话语权和经济社会发展机会，互利共赢的国际合作成为应对国际环境变化的主要方式之一。欧亚经济联盟是欧亚地区重要的经济合作机制，在俄罗斯的主导下，在降低经贸成本、扩大区域规模经济方面发挥了积极作用。中国与欧亚经济联盟之间的合作进程顺畅，合作领域不断取得新进展。在新的国际环境下，双方合作必要性增强，合作前景也更为广阔。

一　世界局势的不稳定不确定对发展中国家的发展提出了挑战

当前世界政治和经济局势呈现更加复杂多变的状

况。西方大国以意识形态划界,以维护自身霸权为原则,严重破坏了国际政治经济秩序,对发展中国家的发展环境造成了不利影响,主要表现在以几个方面。

(一) 缺乏安全的全球发展环境

发展中国家受到大国博弈的挑战。当前全球范围内的战火基本上都爆发在发展中国家。一些国家和势力在这些不稳定因素背后没有发挥促进和平的作用。恐怖主义等非传统安全问题也相互交织关联,全球发展环境面临着战争和安全的挑战。

(二) 缺乏广阔的经济支持系统

最近几年以美国为首的西方大国,采取了以邻为壑的贸易保护主义政策,为新兴经济体注入发展活力的全球化面临着倒退的危险,导致发展中国家的产业链供应链和产业体系建设困难重重,难以打破产业体系不完整和初级产品生产的状态。

(三) 缺乏有效的合作机制

当前奉行开放互利和多边主义的国际经贸规则作用式微,相反一些国家搞小圈子、搞"集团政治",不仅在发展中国家之间进行拉拢分化,也胁迫压缩了发展中国家的发展空间。霸权主义损害了发展中国家的合作。

从欧亚经济联盟国家来看，俄乌冲突的爆发是其安全形势的最大威胁。叠加国内政治的动荡、地缘政治力量的博弈、美西方对俄罗斯实施的制裁等多重因素，其安全局势并不能为发展提供可靠的保障。并且欧亚经济联盟国家工业化基础较为薄弱，产业体系并不健全，经济发展潜力有待进一步释放。

二 中国与欧亚经济联盟加强合作的前景广阔

发展中国家之间的合作是塑造发展小环境的有益尝试。

（一）创造发展小环境

在全球经济发展环境并不有利的情况下，如果能够在一定的范围内，创造促进发展的地理或制度小环境，就是可行的理性选择。近十年来，中国与欧亚经济联盟之间经贸领域的制度性合作不断扩大，2018年中国与欧亚经济联盟签署了经贸合作协定，目前中俄贸易90%都用本币结算。经贸合作机制的加强和营商环境的改善在中国与欧亚经济联盟国家间创造了相对稳定、可预期、交易成本较低的经济发展小环境，在一定程度上削弱了国际大环境的制约。

（二）建立经济支持系统

当前欧亚经济联盟国家的经济发展大多依赖于大宗商品出口，产业体系不健全，工业化进程较为缓慢，国际市场的任何变化都可能给经济基本面造成重大影响。历史上丝绸之路曾将中国与欧亚经济联盟国家连接起来。今天，欧亚经济联盟国家在能矿农产品等方面具有广阔的发展潜力，中国具有强大的产业体系和生产能力，双方具有更加迫切的经济贸易合作需求，加上更加便捷的交通网络（如中欧班列）和通信系统，所有这些都为双方发挥比较优势、实现相互支持和共同发展提供了基本条件。

（三）建设更扎实的合作机制

发展中国家之间的合作在当前国际环境下尤为重要，但是切实启动和落实合作议程并不容易。中国提出的共建"一带一路"倡议秉承共商、共享、共建原则，是推动全球发展的国际公共产品和合作平台。全球安全倡议、全球发展倡议和全球文明倡议也为发展中国家之间的合作指明了方向。欧亚经济联盟国家都是共建"一带一路"的重要合作伙伴。进一步提升双边经贸合作的制度性保障水平，为地区经济一体化创造更好的政策环境，彰显了支持经济全球化、维护多边贸易体制、推动贸易自由化便利化的积极立场。

三 结语

本报告在分析中国与欧亚经济联盟合作国际背景的基础之上，深入研究了中国与欧亚经济联盟合作的潜力与领域，并指明了未来中国与欧亚经济联盟的合作方向。

在一个世界动荡变革、地缘政治因素影响显著的情况下，探讨中国与欧亚经济联盟的合作具有特别重要的战略和理论意义。中国与欧亚经济联盟国家同处欧亚大陆，中国的发展离不开亚欧地区，也惠及亚欧地区。中国与欧亚经济联盟的合作不仅关乎双方人民福祉，也深刻影响世界发展。

中国社会科学院拉丁美洲研究所所长、研究员柴瑜统筹全书书稿并撰写序言，明确全书研究框架和内容设计，来自中国社会科学院拉丁美洲研究所、中国社会科学院俄罗斯东欧中亚研究所、中国社会科学院大学国际政治经济学院组成的跨研究所、跨学科团队结合专业特长，撰写相关章节，具体如下：俄罗斯东欧中亚研究所转型与一体化研究室博士（后）王效云撰写第一、五章，俄罗斯东欧中亚研究所俄罗斯经济研究室副研究员蒋菁撰写第二章，拉丁美洲研究所经济研究室副研究员郑猛撰写第三章，中国社会科学院大学国际政治经济学院副教授王晨星撰写第四章并承担书稿相关的联络组织工作。

希望此报告能够起到抛砖引玉的作用，进一步深化中国与欧亚经济联盟的合作研究。

一　欧亚经济联盟的形成及意义

有关在苏联所属的欧亚地区建立经济联盟的想法和尝试，早在20世纪90年代初就开始了。1993年5月14日，独联体成员国领导人在莫斯科发表《分阶段建立经济联盟宣言》，筹备在独联体框架内建立经济联盟，1993年9月24日，独联体10个成员国总统签署了《经济联盟条约》，进一步确认了建立经济联盟宣言所提出的基本原则和任务，确定了经济一体化的长期目标：参照欧洲一体化经验，分阶段建立商品、服务、资本和劳动力的共同市场，即先建立国家间自由贸易机制，再过渡到关税同盟，然后建立共同市场，最终形成货币联盟。然而，鉴于独联体成员国正处于政治经济转轨初期，国内政局不稳，经济秩序混乱，且有从苏联分家带来的利益纠纷和域外势力的分化等因素的影响，使得在独联体框架内协调各国利益、推进一体化进程异常困难。在这一尝试失败之后，俄罗斯、白俄罗斯、哈萨克斯坦等关系密切、利益诉求相近的少数国家另起炉灶，建立了欧亚经济共同体这一独联体次区域一体化组织，试图更为有效地推行一体化进程。然而由于成员国间经济结构和发展水平的巨大差异性，使得他们难以协调面对国际竞争的保护和开放的意愿，欧亚经济共同体框架下的一体化进程也极为缓慢，难以满足俄、白、哈等国的需求，于是这几个国家又提出在欧亚经济共同体框架内，先行一步推进一体化进程。欧亚经济联盟就是这一努力的成果。欧亚经济联盟是在俄、白、哈三国在欧亚经济共同体框架内组建的新的关税同盟基础上建立的。2006年8月16日，俄、白、哈三国达成协议，在欧亚经济共同体框架内率先建立关税同盟，其他成员国视情况决定是否加入。此后，一体化进程快速推进。先是于2010年1月1日启动三国关税同盟，接着2012年1月1日启动三国统一经济空间。在关税同盟和统一经济空间的基础上，2014年5月29日，俄、白、哈三国签署了《欧亚经济联盟条约》。2015年1月1日，欧亚经济联盟正式启动运行。2015年1月2日，亚美尼亚加入欧亚经济联盟，同年8月12日吉尔吉斯斯坦加入欧亚经济联盟。

根据《欧亚经济联盟条约》，从2015年1月1日起，俄、白、哈三国公民在欧亚经济联盟任何一国就业，不再需要获得专门的工作许可，实现劳动力自由流动，2016年之前将建立统一的药品市场，2019年之前建立统一的电力市场，2025年之前建立统一的石油、天然气市场，实现商品、服务、资金和劳动力的自由流动。终极目标是在实现统一经济空间的基础上，建立统一的中央银行，发行统一的货币，实行统一的宏观政策，形成统一市场，建立类似于欧盟的经济联盟。

欧亚经济联盟是由俄罗斯主导，白俄罗斯、哈萨克斯坦为主力，亚美尼亚、吉尔吉斯斯坦参与的区域经济一体化组织，是苏联地区一体化程度最高的区域经济合作机制，也是该地区区域一体化合作的新阶段和新发展。从国际环境来看，欧亚经济联盟是在全球化和多边贸易体制受阻、双边和区域经济一体化日渐盛行的背景下应运而生的，是欧亚地区应对世界贸易体系由多边向分散化发展、由自由主义向贸易保护主义演变的有利举措，也是新兴经济体通过加强合作增强自身实力，谋求成为多极化世界中新的一极的战略选择，以及改变不利的贸易地位、改善贸易结构、促进经济发展的有力途径。

（一）欧亚经济联盟的产生顺应了区域经济一体化趋势和国际贸易体系的变化趋势

20世纪80年代末90年代初，随着东欧剧变和苏联解体，西方意识形态宣告胜利，新自由主义思想上升为唯一正确的主流经济学理论迅速统治世界。在西方主流意识形态和新自由主义理论，以及信息科技革命的共同推动之下，兴起了一轮经济全球化和区域经济一体化的浪潮，原本相互对立隔绝的东西方两大阵营迅速融合。然而，随着时间的推移，这种经济全球化和区域经济一体化齐头并进的势头开始出现调整。

首先，2001年11月开启的新一轮全球多边贸易谈判——多哈回合谈判最终以失败告终，发达国家与发展中国家之间的利益难以协调，经济全球化深入发展的势头受阻。在这一背景下，部分国家开始将目光转向诸边和双边合作，由此推动双边和区域经济一体化蓬勃发展。2001—2006年，根据WTO区域一体化数据库统计，国际上新签署的双边一体化协议93项、新签署的多边一体化协定12项，中欧、中东、南亚、南非、太平洋地区、跨太平洋地区纷纷建立起新的区域一体化合作组织。区域一体化组织在数量上继续增长的同时，其合作的深入程度也在增加，表现之一是，越来越多的区域一体化组织开始作为整体与域外经济体展开经济合作，缔结双边和多边区域合作协议，包括发达国家间的一体化组织欧盟（EU）和欧洲自由贸易联盟（EFTA），以及发展中国家的区域一体化组织东盟（ASEAN）、南共市（MERCOSUR）和南非关税同盟（SACU）。

WTO多哈回合谈判的失败只是一定程度上阻碍了经济全球化继续向纵深发展的势头，并没有阻止全球化的步伐，全球化的历史车轮仍然在前行。然而，2008年国际金融危机爆发之后，贸易保护主义的兴起推动全球化的历史车轮逆转，逆全球化力量开始凸显。国际金融危机迅速席卷世界各地，发达国家和发展中国家以及新兴经济体都受到极大冲击，全球经济陷入衰退。国际金融危机的爆发引起了人们对全球化和自由贸易的反思，新自由主义理论作为正统经济学理论的统治地位开始动摇，理论界开始呈现范式重建和逆全球化思潮。在实践层面，为恢复就业和经济增长，以美国为首的发达国家率先祭出保护主义旗帜，全球贸易保护主义开始抬头，全球化深入发展的趋势进一步得到遏制，并日益演化成逆全球化趋势。为应对贸易保护主义，联合保护内部市场免受外部商品的冲击，世界各主要经济体转而继续加快推进区域经济合作，以抱团取暖，实现经济复苏。因此，在贸易保护主义抬头、全球化逆转、多边贸易体制受阻的同时，全球双边自由贸易协定的谈判和区域经济一体化的发展却如火如荼。这一时期出现了一些新的区域经济一体化合作机制，欧亚经济联盟（EAEU）就是其中之一，此外还包括地处太平洋沿岸的拉美国家组建的"太平洋联盟"（Pacific Alliance），以及全面与进步跨太平洋伙伴关系协定（CPTPP）；原有的区域一体化组织一方面进行了扩员，包括欧盟、中美洲共同市场、南亚自由贸易区、南非发展共同体。另外，欧盟、EFTA、东盟、南共市等区域一体化组织也在不断推进与域外经济体的经贸合作，缔结双边和多边一体化协议。在这一趋势推动下，国际经济合作日益呈现一种以地缘经济合作发展为主体、跨地缘贸易和投资发展为辅助的整体格局。

欧亚经济联盟是在全球化和多边贸易体制受阻、双边和区域经济一体化日渐盛行的背景下应运而生的，是欧亚地区应对世界贸易体系由多边向分散化发展、由自由主义向贸易保护主义演变的有利举措，顺应了以地缘经济合作发展为主的国际经济合作新格局。在此之前，以独联体国家为核心的欧亚地区，区域经济整合程度一直较低，缺乏一个可以涵盖全区域、范围广泛的区域经济一体化组织，欧亚经济联盟的出现一定程度上弥补了该地区的这一缺陷。

（二）欧亚经济联盟对于俄罗斯的战略意义

20世纪90年代苏联解体结束了美苏对立的两极格

局，形成了美国独霸天下的局面。但这种单极化的世界格局并不稳定。随着欧盟一体化的深入发展、日本经济力量的日趋强大，国际力量的对比不断发生变化，世界格局开始走向多极化。进入21世纪以来，新兴经济体的群体性崛起和新兴经济体地位的提高，大大加速了世界格局的多极化进程。

在21世纪最初几年，中国经济发展的强劲需求引发全球大宗商品超级周期，带动发展中大国巴西、俄罗斯、印度、南非等经济高速增长，新兴经济体异军突起。根据IMF的统计数据，1999—2006年，发达经济体的平均增长率为2.7%，新兴经济体为5.8%；2007—2010年，发达经济体的平均增长率预计为0.3%，新兴经济体为5.2%[①]。新兴经济体已经成为引领世界经济增长的重要引擎。除了总量经济增长率远超发达国家外，在人均经济增长率方面，新兴经济体也开启对发达国家的追赶。根据联合国贸发会议发布的《2008年发展和全球化：事实和数字》，发达国家与发展中国家之间的人均国内生产总值差距，从1990年的20∶1下降到2006年的16∶1。2003—2007年，发展中国家人均国内生产总值增长了近30%，而同期以七国集团为代表的发达国家，人均国内生产总

---

① 张宇燕、田丰：《新兴经济体的界定及其在世界经济格局中的地位》，《国际经济评论》2010年第4期。

值仅增长10%①。与经济高速增长相伴随的,是新兴经济体在全球经济中分量的提高。2010年新兴经济体的典型代表"金砖五国"人口占世界的42%,GDP总量约占世界的18%,贸易额占世界的15%。新兴经济体还是全球工业原料和大宗商品的主要产出国。以G20集团中的11个新兴经济体为代表,2008年,全世界35.66%的原油、58.7%的粗钢产自这11个国家。新兴经济体对世界经济增长的贡献度也大幅上升。按照IMF测算,发达国家对全球经济的贡献率从1990年的88.6%下降到2010年的约30%,而金砖国家的贡献率从1990年的-0.6%提升到2010年的60%以上②。

随着经济实力的增强,新兴经济体不再满足于在世界事务中的被动局面,而是通过积极谋求合作,力求在国际舞台上发出更多的声音,参与制定国际规则,为发展中国家争取更大的利益。2006年,由巴西、俄罗斯、印度、中国四国组成的金砖国家合作机制开始实施。在金砖国家努力下,2010年IMF和世界银行的机构改革取得重大进展,新兴经济体在两大机构获得了更大的发言权和投票权。2008年国际金融危机爆发后,由新兴经济体和主要发达国家组成的20国集团取

---

① 谷源洋:《新兴经济体崛起及世界格局变动》,《亚非纵横》2010年第1期。
② 林跃勤、周文主编:《新兴经济体蓝皮书·金砖国家经济社会发展报告(2011)》,社会科学文献出版社2011年版。

代七国集团（G7）或八国集团（G8）转变为国际经济合作的主要论坛，新兴经济体在全球经济治理中的地位显著提高。

新兴经济体的崛起给世界经济格局带来深远影响，大大推动了世界经济向多极化调整的进程。在此背景下，俄罗斯主导推动的欧亚经济联盟具有重要意义。

首先，欧亚经济联盟的建立顺应了世界经济多极化的历史趋势。自独立以来，俄罗斯一直致力于建立多极世界，但在独立初期，受现实经济能力的限制，俄罗斯并未采取实际行动。进入21世纪以来，随着经济的快速增长和综合国力的大幅提升，俄罗斯的民族自信大大增强，大国意识开始复苏，通过积极推动区域经济一体化扩大战略空间的需求凸显。欧亚经济联盟是俄罗斯推动建立多极世界、实现民族复兴的重要举措。按照俄罗斯总统普京的设想，由苏联加盟共和国组成的欧亚经济联盟，将最终成为一个类似欧盟的地区经济一体化组织，成为世界格局中新的一极，与美国、欧盟和亚洲三大中心平起平坐。①

其次，欧亚经济联盟是俄罗斯融入新旧两大世界经济中心的重要纽带。中国、印度等新兴经济体的崛起带动亚太地区成为世界经济增长的重要引擎，加上

---

① 徐洪峰：《欧亚经济联盟建立的背景及未来发展》，《俄罗斯学刊》2016年第3期。

2008年国际金融危机对欧美的重创，世界经济的重心开始由大西洋两岸向亚太地区转移。为此，各国纷纷进行战略调整，将目光聚焦亚太地区，试图搭乘亚太经济高速增长的列车，带动本地区经济发展。俄罗斯和其他独联体国家所在的欧亚地区，地处新旧两大世界经济重心的中间地带，对于俄罗斯来说，与周边国家进行一体化，是其融入新旧两大世界经济重心的重要途径。2011年10月4日，已确定参加2012年俄总统大选的普京在《消息报》上撰文倡议由苏联加盟共和国组成"欧亚联盟"，主要目的之一就是有效连接欧洲和亚洲太平洋地区。俄罗斯希望欧亚经济联盟能成为多极世界中的一极，在欧洲和迅速发展的亚太地区之间发挥桥梁作用。

（三）欧亚经济联盟对于成员国的重要意义

自苏联解体以来，苏联所在的欧亚大陆经济结构遭受重创，在世界经济中的地位一落千丈。尽管进入21世纪之后俄罗斯等苏联成员国经济开始复苏，但大多也只是刚刚恢复到苏联解体之前的水平，欧亚大陆与西方国家和中国等其他新兴经济体之间的差距不断拉大，在世界经济体系中的地位越来越边缘化。无论从经济总量，还是从贸易总量的角度看，欧亚经济联盟成员国在世界经济中都只占很小的份额。2014年欧亚经济联盟成员国国土面积约占世界陆地面积的14%，人口占2.47%，GDP占2.99%，出口总额占2.91%，进口总额占2.32%。与经济和贸易体量低相伴随的，还有贸易结构的低端化。苏联解体使得成员国之间原先在经互会体系内建立的工业联系断裂，联盟成员国的工业化基础遭受破坏，随之而来的新自由主义改革又进一步推动了成员国的"去工业化"过程，进而使得成员国的产业结构越来越专业化和低端化，体现在对外贸易上，就是以出口具有比较优势的自然资源密集型的农矿产品、进口资本和技术密集型的工业制成品为主的贸易结构。

具体来看，在对外贸易合作方面，无论从国际贸易流向、贸易伙伴关系的相对地位，以及贸易结构等角度衡量，欧亚经济联盟在世界经济中均处于边缘化的不利地位。

从国际贸易流量方向看，欧亚经济联盟地处两大地区性贸易中心的边缘地带。在20世纪东西方冷战格局下，国际贸易中心分为以西欧、北美为核心的市场经济贸易体系，以及以苏联为核心、经互会为区域经济一体化平台的计划经济贸易体系。苏联解体后，随着经济全球化的快速发展和新兴经济体的崛起，国际贸易格局中形成了亚太地区和北大西洋地区两大中心地区，两大地区内贸易及跨地区贸易成为国际贸易的主要流向。2014年，出口额和进口额排名前十的经济体均位于上述两大中心地区（见表1-1）。前十大经济体出口总额占世界出口总额的52.81%，其中中国的出口额最大，为2.34万亿美元，所占比重为12.32%。排名前十的经济体进口额合计占世界进口总额的53.88%，其中美国进口额最高，为2.41万亿美元，比重为12.70%。欧亚经济联盟地处两大世界贸易中心的边缘地带，无论是联盟内的大国俄罗斯，还是联盟整体，均没能进入进出口排名的前十位。作为欧亚经济联盟的主导国，俄罗斯的出口额占世界出口总额的比重只有2.61%，在世界排名第11位。白俄罗斯、哈萨克斯坦、吉尔吉斯斯坦和亚美尼亚占比分别为0.19%、0.42%、0.01%和0.008%。俄罗斯进口额占世界进口总额的1.62%，在世界排名第17位，白俄罗斯、哈萨克斯坦、吉尔吉斯斯坦和亚美尼亚占比分别为0.21%、0.22%、0.03%和0.02%。

表1-1　2014年世界主要经济体进出口总额及占世界进出口总额的比重　单位：百万美元、%

排名	国家/地区	出口额	占比	排名	国家/地区	进口额	占比
1	中国	2342293	12.32	1	美国	2410855	12.70
2	美国	1620532	8.53	2	中国	1959233	10.28

续表

排名	国家/地区	出口额	占比	排名	国家/地区	进口额	占比
3	德国	1494214	7.86	3	德国	1207193	6.34
4	日本	690203	3.63	4	日本	812208	4.26
5	荷兰	672410	3.54	5	英国	694126	3.64
6	法国	581393	3.06	6	法国	676617	3.55
7	韩国	573091	3.02	7	中国香港	600765	3.15
8	意大利	529797	2.79	8	荷兰	589570	3.09
9	中国香港	524130	2.76	9	韩国	525564	2.76
10	英国	510789	2.69	10	加拿大	475319	2.49
11	俄罗斯	496807	2.61	17	俄罗斯	307877	1.62

资料来源：WTO data center。

从对外贸易的地区分布来看，区域内贸易占比很低，与两大地区性贸易中心的区域外贸易在欧亚经济联盟对外贸易中占绝对主导地位。

欧亚经济联盟的区域内贸易占比较低且持续下滑。自苏联解体之后，随着经济"脱钩"和经济伙伴关系多元化，俄、白、哈等苏联成员国之间的经贸联系大大下降。2000年，欧亚经济联盟成员国区域内贸易额占对外贸易总额的16.59%，出口贸易额和进口贸易额占成员国出口贸易和进口贸易总额的比重分别为11.36%和29.40%，2014年这三个比重分别降为11.77%、9.21%和15.95%，远低于欧盟和北美自贸区区域内贸易所占比重，这两个区域一体化组织区域内贸易占对外贸易的比重分别在65%和40%左右。2000—

2014年，欧亚经济联盟成员国对外贸易总额增长了4.89倍，其中区域内贸易总额增长了3.18倍，区域外贸易总额增长了5.23倍；出口贸易总额增长了4.14倍，其中区域内出口贸易额增长了3.16倍，区域外出口贸易额增长了4.26倍；进口贸易总额增长了7.73倍，其中区域内进口贸易额增长了4.20倍，区域外进口贸易额增长了9.20倍。也就是说，2000—2014年，欧亚经济联盟的区域内贸易和区域外贸易均实现了较大幅度的增长，但区域外贸易增幅更大，这说明成员国之间经济的紧密性和互相依赖程度进一步下降。

在区域外贸易伙伴关系中，北大西洋地区和亚太地区这两大地区贸易中心在欧亚经济联盟对外贸易关系中占绝对主导地位。俄罗斯与上述两大地区贸易中心①的出口占俄罗斯对外出口总额的比重由2000年的73%降低到2014年的66%，对上述地区的进口所占比重由2000年的56.90%增加到2014年的77.40%。与此相对，同期俄罗斯对联盟成员国的出口占比由7.70%降为6.56%，进口占比由17.80%降为6.93%，欧亚经济联盟内贸易在俄罗斯对外贸易中所占比重大大下滑，特别是进口贸易。由于俄罗斯在欧亚经济联

---

① 以欧盟27国、英国、挪威、瑞士、冰岛、北美自贸区、中国、中国香港、日本、韩国、澳大利亚、新西兰以及东盟五国共45个经济体为代表。

盟中的绝对主导地位，俄罗斯的对外贸易地区结构很大程度上反映了欧亚经济联盟的对外贸易地区结构。这样的贸易地区结构及其变化趋势反映出，地处两大贸易中心边缘地带的欧亚经济联盟，其内部市场正逐步被两大中心区域所吸收。

欧亚经济联盟在世界经济中的不利贸易地位，还体现在其与主要贸易伙伴关系的相对贸易地位的不平衡上。中国、德国、美国、意大利是俄罗斯最重要的几大贸易伙伴，但俄罗斯在这几大贸易伙伴中的地位相对并不显著。以中国为例，2014年，中国是俄罗斯第二大出口市场和第一大进口来源地，对中国出口占俄罗斯出口总额的7.50%，自中国进口占俄罗斯进口总额的17.74%。而俄罗斯是中国相对较小的贸易伙伴。2014年，俄罗斯是中国第10大出口市场和第12大进口来源地，对俄罗斯出口占中国出口总额的2.30%，自俄罗斯进口占中国进口总额的2.10%。换言之，在贸易伙伴关系上，俄罗斯与主要伙伴国之间具有显著的不对称性。

从贸易产品结构来看，欧亚经济联盟成员国以出口石油、矿产、农牧产品等初级产品，进口工业制成品为主，贸易产品结构较为低端。

欧亚经济联盟国家拥有丰富的能源资源，产业结构单一，经济严重依赖能源资源及农产品出口（见表

1－2）。从产品结构来看，欧亚经济联盟成员国一半以上的出口产品集中在矿物燃料、农牧产品等初级产品，工业制成品占比较低。2014年欧亚经济联盟成员国出口产品结构中，初级产品占比最高的是哈萨克斯坦，为84.20%，其次是俄罗斯（76.79%）、吉尔吉斯斯坦（61.62%）和亚美尼亚（57.62%），白俄罗斯最低，但也约占50%。在工业制成品出口方面，亚美尼亚、吉尔吉斯斯坦和哈萨克斯坦都以劳动密集型工业制成品为主，资本和技术密集型产品出口占比很少，特别是亚美尼亚，资本和技术密集型工业品出口占比仅为3.52%，其次是哈萨克斯坦（6.42%）。白俄罗斯是联盟成员国中工业基础最好、资本和技术密集型产品出口占比最高的国家，2014年白俄罗斯出口产品中资本和技术密集型产品占比为30.68%。

进口方面，联盟成员国的进口都以工业制成品为主，特别是资本和技术密集型工业制成品的进口在成员国进口结构中占据较大比例（见表1－2）。2014年联盟成员国中，工业制成品占比最高的国家是俄罗斯（82.93%），其次是哈萨克斯坦（82.15%）和吉尔吉斯斯坦（62.38%），这几个国家也是联盟成员国中初级产品出口占比最高的几个国家。亚美尼亚和白俄罗斯工业制成品进口占比在60%左右。工业制成品进口以资本和技术密集型工业制成品进口为主，俄罗斯和哈萨克斯坦资本和技术密集型工业制成品进口占比均在50%以上，吉尔吉斯斯坦和白俄罗斯这一比例分别为37.47%和36.37%，均超过劳动密集型工业品进口所占比例。亚美尼亚资本和技术密集型工业制成品进口占比为28.73%，略低于劳动密集型工业制成品进口占比（29.44%）。

表1-2 2014年欧亚经济联盟成员国进出口产品结构

（按要素密集度划分） 单位：%

产品类别	亚美尼亚	白俄罗斯	哈萨克斯坦	吉尔吉斯斯坦	俄罗斯
出口					
初级产品	57.26	49.96	84.20	61.62	76.79
劳动密集型	39.22	19.36	9.38	23.42	11.90
资本和技术密集型	3.52	30.68	6.42	14.96	11.30
进口					
初级产品	41.82	43.44	17.85	37.62	17.07
劳动密集型	29.44	20.19	28.84	24.91	25.23
资本和技术密集型	28.73	36.37	53.31	37.47	57.70

资料来源：UNCOMTRADE，根据SITC分类统计数据整理得到。

在投资合作领域，俄罗斯是区域内对外投资大国，俄罗斯对成员国的投资面临来自西方发达国家和中国等域外大国的激烈竞争。

自1999年年底经济进入增长通道以来，受惠于国际能源价格高涨，俄罗斯积累了大量资金，为其开展对外直接投资奠定了基础。根据世界银行统计数据，俄罗斯对外直接投资净额由2000年的32亿美元增加到2014年的571亿美元，在全球中的排名由第29位提升到第10位。区位分布方面，俄罗斯对外直接投资主要集中在发达国家，对独联体国家的投资占比较小。2014年俄罗斯排名前三的投资目的地分别是塞浦路斯、荷兰和英属维尔京群岛，这三个地方都是避税天堂，对这三个地区的投资占俄罗斯对外直接投资总额的64%。奥地利、瑞士、德国、英国、土耳其、美国和西班牙分列第4位到第10位，合计占比为27.5%。白俄罗斯是俄罗斯对外直接投资最多的独联体国家，在俄罗斯对外直接投资对象国中居第14位，其次是哈萨克斯坦、乌克兰和亚美尼亚，2014年对上述国家的直接投资分别占俄罗斯对外直接投资总额的0.94%、0.85%、0.59%和0.35%。俄罗斯对吉尔吉斯斯坦的投资排名比较靠后，占比（0.05%）也很低。换言之，2014年俄罗斯对欧亚经济联盟成员国白俄罗斯、哈萨克斯坦、亚美尼亚和吉尔吉斯斯坦的对外直接投资总额合计仅占俄罗斯对外直接投资总额的1.93%。

俄罗斯对包括欧亚经济联盟成员国在内的独联体国家直接投资占比较低，一方面是因为投资战略，俄罗斯试图通过对发达国家的直接投资进入发达国家市场，获得发达国家先进技术。另一方面，也与独联体国家经济体量、开放程度有关。此外，俄罗斯在独联体国家的投资还面临来自西方发达国家以及中国等域外大国的竞争。尽管如此，对于欧亚经济联盟其他成员国来说，俄罗斯依然是它们最重要的投资来源国之一。特别是对于亚美尼亚和吉尔吉斯斯坦而言，俄罗斯资本几乎控制着这两个国家的战略经济部门，如能源、交通、金融、电信、基础设施等。具体来看，根据世界银行统计数据，2014年联盟成员国俄罗斯、白俄罗斯、哈萨克斯坦、吉尔吉斯斯坦和亚美尼亚引进外商直接投资分别为220亿美元、18.6亿美元、73.1亿美元、3.4亿美元和4.1亿美元，对外直接投资分别为571亿美元、0.7亿美元、26亿美元、1.1亿美元和0.3亿美元。区域内投资关系方面，截至2014年，来自非独联体国家的外商直接投资存量占吉尔吉斯斯坦引进的外商直接投资总额的87.5%，来自独联体国家的占12.5%。中国是吉尔吉斯斯坦第一大外商直接投资（FDI）来源国，占25.2%；俄罗斯位居第二，占8.3%；哈萨克斯坦位居第六，占4.2%；来自白俄罗斯的FDI较少，仅占0.12%。对于亚美尼亚来说，俄罗斯是亚美尼亚的第一大外资来源国。2014年来自俄罗斯的私人FDI存量占亚美尼亚私人外商直接投资存量的35%。哈萨克斯坦和白俄罗斯也有对亚美尼亚私人FDI，但规模较低，占比分别为1%和0.002%。哈萨克斯坦私有化程度高，外资多元化程度高，俄罗斯资本面临来自其他经济体（欧盟、中国、美国、日本等）资本的竞争。2014年哈萨克斯坦第一大外商直接投资来源国是荷兰，占比为28.4%，其次是美国、瑞士和中国，占比分别为17.4%、10.0%和7.6%。俄罗斯是哈萨克斯坦第五大FDI来源国，占比6.7%。白俄罗斯对哈萨克斯坦FDI规模较低，仅占哈萨克斯坦引进FDI总额的0.85%。吉尔吉斯斯坦对哈萨克斯坦FDI呈净流出状态，但规模不高，约占哈萨克斯坦当年引进外资总额的0.1%。相对哈萨克斯坦而言，白俄罗斯的开放程度和私有化程度较低，引进外资主要面向独联体国家内部，特别是俄罗斯。2014年俄罗斯是白俄罗斯的第一大FDI来源国，来自俄罗斯的FDI占白俄罗斯引进FDI的57.1%，来自哈萨克斯坦、亚美尼亚和吉尔吉斯斯坦的FDI占比分别为0.17%、0.06%和0.006%。

总的来看，俄罗斯作为域内资本大国，承担向其他成员国资本输出的功能，但近年来随着成员国外部伙伴关系多元化和域外大国对欧亚地区战略地位的提高，俄罗斯在对域内成员国资本输出中面临越来越大的竞争压力。其他成员国之间的相互直接投资规模都处于较低的水平。从投资领域看，目前俄罗斯资本大多集中在战略经济部门，且投资主体单一。国有能源企业是俄罗斯对外投资的主力军，投资领域大多集中在能源领域及其相关领域。在欧亚经济联盟内建立资本共同市场，有助于俄罗斯资本在周边地区的扩张，实现投资领域多元化，从能源、基础设施领域为主的战略经济部门向其他经济领域外溢。①

在能源合作领域，联盟成员国之间具有密切复杂的利益关系，既相互支撑又相互掣肘，建立稳定的能源合作框架是成员国的共同利益诉求。

能源合作是欧亚经济联盟成员国之间经贸合作的重点领域。俄罗斯和哈萨克斯坦均是重要的产油国和石油对外输出国，两国在石油领域存在竞争和合作关系。哈萨克斯坦油气资源丰富，但石油加工业不发达，因此，在每年对外出口大量原油的同时，哈萨克斯坦还需要向俄罗斯进口相当数量的成品油。从地缘角度看，哈萨克斯坦向欧洲出口石油离不开俄罗斯的过境运输，而随着中俄石油贸易的快速发展，哈萨克斯坦也成为俄罗斯石油出口中国的过境国。哈萨克斯坦还是中亚通往俄罗斯天然气管道的重要过境国。苏联时期建成的从土库曼斯坦、乌兹别克斯坦到俄罗斯的中亚—中央天然气管道，从乌兹别克斯坦到俄罗斯南部工业区的布哈拉—乌拉尔天然气管道，均过境哈萨克斯坦。此外，俄罗斯通向欧洲的奥伦堡—新普斯科夫

---

① 王晨星：《欧亚经济联盟：成因、现状及前景》，社会科学文献出版社2015年版，第120页。

管道、"联盟"管道也过境哈萨克斯坦。白俄罗斯、亚美尼亚和吉尔吉斯斯坦对俄罗斯石油依赖较大。白俄罗斯自身汽油资源缺乏，但石油加工业较为发达，白俄罗斯从俄罗斯进口原油，将其加工后除少部分供给国内市场满足自身需求外，大部分出口至英国、乌克兰、荷兰等其他国家，石油加工业已经成为白俄罗斯的新兴支柱性产业之一，这也使得作为原油供应国的俄罗斯在白俄罗斯对外经济关系的重要性进一步提升。与此同时，俄罗斯石油出口至欧洲也依赖从白俄罗斯过境。

联盟成员国在能源合作领域利益关系密切，特别是俄哈、俄白之间，在供求关系之外，还存在过境管道运输的问题。在缺乏稳定的合作机制的情况下，成员国之间常常围绕着油气资源价格、过境税费等产生纷争，例如俄罗斯和白俄罗斯的"天然气战争"（2006年）和"石油战争"（2007年）。有鉴于此，联盟成员国之间在能源政策、能源投资等领域都需要加强合作和协调。

鉴于成员国在经贸合作方面的特点和现状，欧亚经济联盟的建立具有重要意义。一方面，通过加强合作，消除贸易和投资壁垒，充分释放成员国之间的贸易和投资潜力，有助于提高欧亚经济联盟成员国在世界经济中的影响力和地位。欧亚经济联盟区域内贸易占比过低,这是由成员国之间的产业结构所决定的,除了白俄罗斯之外,其他成员国都是能源和矿产资源大国,工业基础薄弱,产业结构具有较强的同质性,这使得成员国之间基于互补性的贸易潜力不足。同时,也与成员国过多融入两大地区贸易中心的贸易体系,对成员国之间的贸易重视不够有关。另一方面,欧亚经济联盟将建立统一的大市场,扩大区域内有效市场规模,由此将为资本和技术密集型工业化的开展奠定基础,完善和提升产业结构,进而提升贸易结构,形成经济发展的内在动力,并为区域内贸易的发展提供支撑。此外,通过建立统一的能源市场,不仅能为成员国的能源合作和经济发展提供稳定的可预期的环境,减少不必要的纠纷和冲突,还将增强联盟成员国在世界能源市场中的议价能力,提高联盟整体的经济利益。

二 欧亚经济联盟的目标导向

(一) 目标导向的比较研究：欧亚经济联盟目标对合作方向的影响

基于俄、白、哈关税同盟和欧亚经济共同体成立的欧亚经济联盟是苏联解体后在后苏联空间的欧亚地区出现的联系最为紧密、运行最为平稳的区域经济一体化组织。它的成立不仅是俄罗斯主导的欧亚地区经济一体化的重要举措，也是俄罗斯在后苏联空间保持地缘政治影响力，并逐步实现欧亚强国梦想的切实途径。欧亚经济联盟的成立，意味着欧亚地区经济一体化进入了一个崭新的发展阶段。

1. 欧亚经济联盟的目标导向

欧亚经济联盟成立的初衷，从经济层面来看，主要是实现欧亚地区经济一体化，提高该组织的全球竞争力，在2025年前实现欧亚经济联盟内部商品、服务、资本和劳动力自由流动，并协调在能源、工业、农业、交通运输等主要经济领域推行协调一致的经济政策，最终目标是建成一个类似于欧盟的经济联盟，成为连接欧洲与亚太的桥梁。未来，按照普京总统对欧亚经济联盟发展战略的主导思想，它将与欧盟、亚太经济合作组织等区域合作组织一样，最终在经济模式、技术标准、规章制度等方面实现深度的一体化，从而带动欧亚经济联盟国家间相互贸易和产业合作不断发展，进而提高欧亚地区整体的全球竞争力。从地区安全层面来看，基于国际局势和地区安全形势的不断变化，欧亚地区成员国对传统和非传统安全需求较高，构建以俄罗斯为依托的综合地区安全体系是成员国共同的利益诉求，这为加快欧亚经济联盟推动经济一体化进程提供了原生的发展动力。

欧亚经济联盟在实际运行过程中，以遵循联盟条约的基本宗旨和目标导向为基础，主要从以下几个方面推进欧亚地区的一体化进程。

第一，在机制建设化目标方面，重视顶层设计和制度建设，积极融合各国的利益契合，其目标是通过完善的机构设置、平等的决策程序和合理的法律磋商机制构建来规范各成员国之间的权力分配，同时平衡相互之间的战略利益，确保各项政策的安排、制定、协商和执行。欧亚经济联盟机制建设的主要特点是灵活性、开放性和均衡性，不仅吸取了前期欧亚一体化运行的经验和教训，也充分利用了前期一体化运行的成果，总体以欧盟为参照样本，试图建立一整套适合欧亚地区自身运行特点且行之有效的机制。不仅建立了由各国元首组成的欧亚经济联盟最高理事会、由各国政府首脑组成的欧亚政府间理事会、常设机构欧亚经济委员会、欧亚经济联盟法院，以及欧亚开发银行和欧亚稳定与发展基金会。各个机构在《欧亚经济联盟条约》框架下，分工协作、各司其职，确保了欧亚经济联盟的正常运转和地区一体化进程的逐步推进。在法律制度建设上，为确保货物流通以及服务、资金和劳动力的自由流动，欧亚经济联盟计划在几年内逐步完善各成员国在货物运输、服务以及资金方面的标准条例框架，统一相关法律法规。2018年正式生效的《欧亚经济联盟海关法典》是联盟框架下又一卓有成效的基础性法律条约。

第二，在一体化政策目标方面，欧亚经济联盟旨在加强宏观经济政策全面协调，重点强化货币政策的协调，推行协调一致的宏观经济政策，关注成员国宏观经济稳定性指标，包括财政预算赤字、国债和年通货膨胀水平等，试图通过量化指标对宏观经济政策一体化进行短、中、长期的经济形势预测与判断，力求为保持各成员国经济的平稳增长创造条件。为此，《欧亚经济联盟条约》中对相关指标做出了相应的规定基准，即：中央年度预算赤字不能超过国内生产总值的3%；国有部门的债务不能超过国内生产总值的50%；各国的年通货膨胀率的差值（居民消费价格指数变动）不能超过5%。条约要求各国都要在符合这一基准的范围内制定宏观经济政策。目标是充分利用欧亚经济联盟和本国竞争优势相结合的方式达到潜在一体化成效与经济增长预期。

第三，在一体化领域的目标规划协作方面，在欧亚经济联盟框架下不仅细化了经济合作的机制职能，还确定了欧亚经济联盟一体化方向各个领域的发展规划及协作目标。

（1）宏观经济政策主要方向的确定，目标是明确欧亚经济联盟中长期具有潜在效果合作的方向和条件，主要体现在《欧亚经济联盟至2030年前经济发展基本方向》中，但每年可根据实际需求修订成员国宏观经济政策主要方向。

（2）贸易政策和关税调节，目标是推行统一的关税及扩大商品出口的非关税调节，协助推进进口替代方案，保护欧亚经济联盟内部市场，扩大贸易机会，降低商品和服务的交易成本，制定并采取促进商业发展措施，优化欧亚经济联盟商品共同市场的制度环境。

（3）货币政策，目标是在欧亚经济联盟内扩大本币在相互结算中的使用，完善支付机制，保证本币根据现行及基本收支项目进行自由兑换，最终形成欧亚经济联盟一体化货币市场。

（4）金融政策，目标是深化欧亚经济联盟成员国的经济一体化，建立共同经济市场，保证非歧视性获得成员国金融市场准入和协调一致的金融立法，有效保障金融服务消费者的权利和合法利益，按国际标准研究金融市场风险调节方法，确立金融市场主体业务的监管秩序以及对银行、保险和有价证券市场的业务要求，为成员国互认金融市场服务许可创造有利条件，以及保证金融市场主体业务公开透明。

（5）工业政策，目标是加快和提高欧亚经济联盟成员国工业发展稳定性，加强欧亚经济联盟工业综合体的竞争力，实施有效的工业项目合作，提升欧亚经济联盟最具合作前景的科技创新合作效率，以及消除工业领域的壁垒。

（6）农工政策，目标是有效实现欧亚经济联盟成员国的资源潜力，提高有竞争力的农产品和食品的生产总量，以满足共同农产品市场需求，增加优势农产品的出口总量。而实现欧亚经济联盟一致农工政策的基本原则，首先要保证农产品市场的公平竞争和均衡发展，其次要规范农产品流通相关要求，消除种子和育种材料流通障碍，最后要平衡发展好成员国农工综合体。

（7）技术规范，目标是消除非关税壁垒，包括行政壁垒和技术贸易壁垒，保证技术标准和规范保持一致，从而形成产品质量维护的基础，确保商品在欧亚经济联盟内的自由流通。

（8）能源政策，目标是保障能源安全，确保能源独立性，提高能源资源利用效率，保障能源利益最大化，通过实施协调的能源政策逐步形成能源资源共同市场。

（9）交通运输政策，目标是推动公路、水路以及铁路交通运输服务贸易自由化，提高实施协调一致的交通运输政策，逐步构建统一的交通运输空间和服务市场，力图保持共同优势，使欧亚经济联盟成员国交通运输体系融入国家交通运输体系。为此，必须充分挖掘成员国过境运输潜力，提高服务质量，保障交通运输安全，营造良好的投资环境，不断改善交通基础设施，降低交通成本，使欧亚交通运输空间在过境运输中更具吸引力。

（10）保护竞争与反垄断调节，目标是为确保欧亚经济联盟内商品、服务和资本流通制定统一的竞争规则，并在跨境市场落实该规则，在超国家层面执行监督职权，遵守共同公平竞争规则，保障欧亚经济联盟市场主体利益不受侵害，营造公平良好的竞争环境，避免特殊保护、反倾销和补偿措施对竞争产生影响。

（11）国际合作，目标是促进欧亚经济联盟与第三国的经贸合作，推动经济创新与多元化发展，提高贸易额，优化贸易投资结构，积极开展与第三方国家政府、地区一体化联合组织以及国际组织间的合作。实现从签署谅解备忘录到缔结自由贸易区协定等不同形式的国际协作。①

2. 欧亚经济联盟的中短期目标、主要任务和优先发展方向

欧亚经济委员会根据欧亚经济最高委员会2015年10月16日的决议，在当年发布了《欧亚经济联盟至2030年前经济发展基本方向》②，列出了欧亚经济联盟成员国的长期经济发展规划、一体化组织的发展战略、一体化效果评估、2030年前所确定的发展方向的依据等。其中，特别指出，为实现欧亚经济联盟

---

① 张秀华主编：《欧亚经济联盟一体化政策》，经济科学出版社2018年版，第24—34页。

② ЕЭК,《Основные направления экономического развития ЕАЭС до 2030》, Решение Высшего Евразийского экономического совета от 16 октября 2015г. №28, Москва, 2015г.

2030 年战略目标,制定以下主要任务:促进实现国家长期和中期目标,以提高成员国经济的可持续性和竞争力;在此基础上形成其他经济发展动力来源,实现成员国和欧亚经济联盟整体的全球竞争优势;通过消除障碍,尽量减少对货物、服务、资本和劳动力自由流动的限制和豁免,增加成员国经济的相互开放性和重要性;促进加强成员国在第三国市场和国际市场中的地位。

欧亚经济联盟中短期发展目标和主要方向如表 2-1 所示。

表 2-1 欧亚经济联盟中短期发展目标和主要方向

经济发展目标	依托实现其竞争优势使联盟成员国家的经济实现整体的高效稳定增长
经济发展任务	1. 协助实现提高联盟成员国家经济的稳定性和竞争力方面的中长期国家目标; 2. 在实现联盟成员国竞争优势的基础上形成新的经济增长点; 3. 提高成员国经济的相互开放度和重要性,通过减少特例、限制和壁垒,使商品、服务、资本和劳动力自由流动; 4. 协助加强成员国在第三方国家和国际组织中的地位
一体化效果	到 2030 年一体化效果的评估: —欧亚经济联盟国家国内生产总值按当前价格计算,在 2030 年前增加 2100 亿美元; —联盟国家 GDP 增长 13%; —相互贸易结构多元化,中间消费品贸易增加 80%; —从第三方国家额外吸引直接投资 900 亿美元

续表

	提高成员国竞争力方面的合作：	在实体经济和服务领域加强协调合作，确定具有一体化潜力的经济领域的标准：
主要方向	1. 确保宏观经济的稳定性；	1. 存在和（或）形成倍增效应的潜力；
	2. 创建商业活力和投资增长的条件；	2. 通过加强成员国之间的合作提高进口替代的需求和（或）潜力；
	3. 创新发展和经济现代化；	3. 提高对第三国的出口增长和多元化潜力；
	4. 确保获得金融资源，形成欧亚经济联盟内有效的金融市场；	4. 通过成员国经济专业化分工和实现其竞争优势，在内部市场上提高商品和服务供给的前景；
	5. 发展基础设施，挖掘交通潜力；	5. 在欧亚经济联盟内创造增加值的国际生产链条中各成员国拓展参与度的前景；
	6. 发展人力资源；	6. 创建和吸引领先于全球指标的新技术（创建未来的新兴领域）；
	7. 节能和提高能源效率；	
	8. 区域发展：区域与边境合作；	7. 高度的国家调控和（或）国家参与
	9. 挖掘对外贸易潜力	
一体化措施的机制	1. 消除壁垒、减少特例和限制； 2. 通过协商、协调制定统一的政策	

资料来源：ЕЭК，《Основные направления экономического развития ЕАЭС до 2030》，Решение Высшего Евразийского экономического совета от 16 октября 2015г. №28，Москва，2015г.，стр. 5。

欧亚经济联盟的中短期发展目标制定充分考虑各国

的发展战略和现实需求，确保联盟成员国的国民经济增长和竞争力的提升，主要通过宏观经济指标来评估其经济潜力和一体化效果。欧亚经济委员会预测，按照既定的主要方向，在实体经济和服务领域的合作过程中顺利实现这些任务，可使欧亚经济联盟国家国内生产总值按当前价格计算，在2030年前增加2100亿美元。到2030年，参与欧亚经济联盟对一些成员国的效果十分显著，预计GDP将实现13%的额外增长。依靠市场规模和一体化项目的吸引力，到2030年累计从第三国吸引投资的潜力可达900亿美元。欧亚经济联盟的非石油天然气出口将增长713亿美元（增幅为11.6%）。通过创造商业增长条件，相互的中间消费产品的贸易规模可增长80%。总的来说，到2030年，欧亚经济联盟的经济发展成果应该体现出一体化组织的全球竞争力。尽管受突如其来的新冠疫情冲击，各国采取了严格的疫情管控措施，导致一些经济部门的活力大幅下降，给欧亚地区国家的经济发展带来巨大挑战，但外部环境的变化也在一定程度上促进了各成员国加强欧亚经济联盟框架范围内的合作，持续推动一体化进程。

欧亚经济联盟成立之初，就明确了其优先发展方向，主要涉及稳定宏观经济、促进经济活力和加强投资吸引力、创新发展和经济现代化、构建高效金融市场、发展基础设施和挖掘跨境运输潜力、加强创新经济领域人力资源开发、促进节能发展和提高能源效率、发展区域工业经济以及挖掘对外贸易潜力九个方面。为此，欧亚经济联盟提出了 2025 年前必须完成的任务清单，包括：（1）克服各国现行贸易政策和统一关税区域之间在非关税壁垒方面的矛盾，严格执行商品的原产地规则；（2）必须建立统一的卫生检验检疫部门，以形成农产品共同市场；（3）必须明确加工制造业领域的专业化生产，并在此基础上建立成员国之间的生产联合体；（4）必须加快建立欧亚经济联盟内统一的能源市场；（5）必须在欧亚经济联盟的空间内不断发展交通基础设施，在"一带一路"框架下加强与中国的项目合作。[①]

今后，欧亚经济联盟的一体化进程将主要围绕完善机制建设、建设共同市场、打造科技创新中心、提高就业机会和构建新型对内、对外互动合作模式展开。

（二）欧亚经济联盟与其他区域一体化组织目标导向的国际比较

欧亚经济联盟是在后苏联空间成功建立运行的区

---

① РСМД, Кузьмина Е. М.,《Экономическое развитие стран ЕАЭС и перспективы экономической интеграции до 2025г》, 15 июня 2017г., https://russiancouncil.ru/activity/policybriefs/ekonomicheskoe-razvitie-stran-eaes-i-perspektivy-ekonomicheskoy-integratsii-do-2025-g/.

域经济一体化组织，它借鉴了其他区域一体化组织发展的经验，也结合自身特点吸取了本地区构建区域一体化组织不成功的经验与教训。未来，参照欧盟建立高水平的地区一体化机制是欧亚经济联盟为之奋斗的远期目标。了解和比较欧亚经济联盟和其他区域一体化组织的目标宗旨和运行模式，有助于加深对欧亚经济联盟经济一体化内在逻辑和地区及国际影响力的认知。

1. 欧盟

欧盟是当今世界运行最为成功的一体化组织，始于20世纪50年代的欧洲煤钢共同体，前身是欧洲共同体。1991年12月11日，欧共体马斯特里赫特首脑会议通过了建立"欧洲经济货币联盟"和"欧洲政治联盟"的《欧洲联盟条约》，主要目标是实行共同的外交、安全和防务政策。1993年11月1日条约生效后欧盟正式成立，标志着欧洲共同体从经济实体向经济政治实体过渡，同时发展共同外交及安全政策，并加强成员国在司法及内政事务上的合作。欧盟的宗旨是通过建立无内部边界的空间，加强经济、社会的协调发展和建立最终实行统一货币的经济货币联盟，促进成员国经济和社会的均衡发展，同时通过实行共同外交和安全政策，在国际舞台上弘扬欧亚经济联盟的个性。目前，欧盟经济一体化已从最初的 6 个成员国发展为 27 个，其经济总量与美国不相上下，是世界最大的具有政治属性的经济实体，涵盖了经济、政治、社会、外交、科技、金融、司法和防务等各个领域，是一个全方位的一体化区域组织。

欧洲经济一体化是在冷战的历史大背景下逐步发展起来的，其初衷是和平与发展。伴随着经济全球化和世界多极化的发展浪潮，它对跨国界的合作与深度融合做出了不懈努力和大胆尝试，是突破国家界限，让渡部分国家主权，建立超国家调节机制和体制的一种有益探索，也是 20 世纪人类历史发展进程中一项重要的制度创新。欧盟经济一体化模式彻底改变了欧洲的地缘政治格局和国与国之间的关系，它不仅在区域内建立了一整套政策制度框架，对成员国的贸易和投资进行统一管理，尤其在消除成员国之间的关税壁垒和对外共同关税方面，还在一体化各个不同的阶段都制定了相关的法律，所有成员国全部实行共同的区域政策，并建立了高效的区域合作协调机制。同时，在实行一体化进程中，充分考虑了成员国经济发展水平的差异，在合作协议中兼顾了对欧亚经济联盟内经济发展水平相对落后国家的产业保护和相关的政策扶持，建立了消除地区差异和贫困的相关机制。

欧盟经济一体化构建了全新的区域经济一体化

模式，它不仅具有独特完整的法律制度模式和超国家特征的体制模式，还具有区域全局整合的治理模式和切合实际、与时俱进的目标模式，欧盟经济一体化模式的成功运行与实践为其他区域经济组织提供了范式。

欧亚经济联盟相比欧盟的经济一体化，存在本质上的差异。尽管欧亚经济联盟在建设过程中，同样是以欧盟作为参照对象，但由于特殊的历史背景和外部环境影响，其经济基础、地区主导力构成，以及运行机制和目标导向不尽相同，二者处在不同的发展阶段。具体差异如下：第一，从历史成因来看，欧洲经济一体化是在冷战背景下基于"战争与和平"的初衷，从国家间战争状态走向经济一体化的组织，而欧亚地区的一体化是在苏联解体后基于整合后苏联空间资源，谋求共同发展而形成的，在此背景下各国首先关注的是维护主权独立问题。第二，从构成形式和运行机制来看，虽然欧亚经济联盟从创建之初，与欧盟经济一体化一样，跨越了自由贸易区阶段，直接采取了关税同盟这一较高程度的一体化形式，也建立了超国家的运行机制，但相比欧盟，欧亚经济联盟的超国家属性局限于政府间合作范畴，各成员国让渡的主权十分有限，机制建设还有一定欠缺，属于一体化发展的初创阶段。第三,从经济基础和影响力来看,欧盟各成员国呈梯队发展,同梯队国家的经济发展水平相近,且相对较为均衡。而欧亚经济联盟相比欧盟而言,内部经济发展水平差异很大,在欧亚经济联盟各项经济指标中,俄罗斯一家独大,占据欧亚经济联盟较大份额,而其他成员国对俄罗斯一国主导的地区一体化有诸多顾虑,合作范围受限,加之成员国经济结构趋同,互补性优势不足,利益诉求不同,造成持续推动和深化一体化的进程趋缓,其国际影响力难以拓展到地区之外。第四,从地区主导力来看,欧盟是以德法为核心、英意为两翼的多极主导,其决策是各个主导力量相互妥协和利益均衡的结果,而欧亚经济联盟的一体化是以俄罗斯为单极主导的,其决策是主导国与新独立的其他国家之间相互协商和利益博弈的结果。第五,从一体化目标来看,欧盟已经建立了局部的欧亚货币联盟,其一体化目标是向更高水平的政治、军事和安全一体化迈进。而欧亚经济联盟经济一体化的目标是形成共同市场,恢复传统的经济联系,完善相关制度建设,增强组织凝聚力,实现地区各国共同发展,离货币联盟还相距甚远,而政治一体化更是遥不可及。①

---

① 王晨星、姜磊:《欧亚经济联盟的理论与实践——兼议中国的战略选择》,《当代亚太》2019年第6期。

总体而言，欧亚经济联盟参照了欧洲经济一体化的成功经验，同时在实践中也充分考虑了自身的特点，因地制宜地制定一体化政策，以确保欧亚经济联盟的有序运行，最终实现欧亚经济联盟设定的中长期目标。

2. 东盟

东盟是东南亚国家组成的区域组织，具有典型的地区发展特点。1967年8月，印度尼西亚、马来西亚、菲律宾、泰国、新加坡五国外长在曼谷通过《东南亚国家联盟成立宣言》，标志着东盟的正式成立，其目标和宗旨为促进区域内经济增长、社会进步和文化发展，并坚持联合国宪章法规，本着平等和伙伴的精神促进区域和平和稳定。2007年《东盟宪章》的签署对东盟的地区一体化进程产生巨大推动作用，其中进一步明确，东盟将致力于维护和加强本地区和平、安全与稳定，致力于经济一体化建设；将继续坚持不干涉内政的基本原则，尊重各成员国的独立、主权、平等、领土完整和身份；坚持以和平手段解决纠纷。

东盟成立初期，各国亟待巩固自己的独立政权，避免大国干涉，这一时期的区域合作主要表现在政治和军事上，经济合作寥寥无几。冷战结束后，随着经济全球化的兴起和区域合作的发展，东盟自20世纪70年代末80年代初才开始逐步转向多领域、多层次的经济合作，签署了一系列的条约、协定和计划，涵盖了贸易、工业、金融、环境保护等多个领域，并于1992年达成建立自由贸易区的协议，2002年正式启动东盟自由贸易区，2015年建成包括经济共同体、政治安全共同体，以及社会和文化共同体在内的东盟共同体。东盟的一体化进程经历了从政治领域，延伸到经济领域，最后再到政治、经济和文化全面发展的过程。经过四十多年的发展，东盟完成了向"大东盟"的过渡，囊括了所有东南亚国家，发展成为全球重要的区域化组织之一。

从东盟经济一体化发展目标来看，由于东盟国家独立前长期受到殖民统治影响，经济基础薄弱，区域的市场空间狭小且资源匮乏，因此其经济一体化的主要目标导向是致力于加强国家间的通力合作，共同开发外部市场和发掘原料，发展本国经济，特别是在工业化合作领域，推出了诸多发展计划和措施，保证优先在成员国内部提供原料和市场，最大程度实现资金和市场共享，以应对各种经济挑战，提升东盟的整体竞争力。考虑到东盟经济一体化战略发展自身的特点和发展现状，东盟经济共同体提出的主要目标是致力于"建立单一市场和产品生产基地"，努力将东盟建成一个具有全球竞争力的经济区域，融入世界经济一体化。按照东盟经济共同体规划，近期发展目标是到

2025年东盟十国GDP总和将增加7%，并新增1400万个就业岗位。

从东盟经济一体化发展历程来看，主要遵循了"由易到难、循序渐进"的合作原则，充分考虑了地区发展的特点和差异，主要实行"内部协商一致"的决策机制，在一体化过程中采取相对灵活的经济发展模式，具有典型的地区代表性。虽然东盟经济一体化取得了实质性的成果，但进展十分缓慢，这主要是由于东盟各国在民族、宗教、文化和历史等诸多方面存在多样性差异，使得地区内的国家缺乏凝聚力，加之东盟国家之间的产业关系较为松散，经济对外依存度较高，相互间的经济竞争性大于互补性，且缺乏强有力的地区主导国。因此，东盟很难发展成为像欧盟一样的地区一体化组织，欧亚经济联盟相比东盟，既有相似，又有不同。两个区域一体化组织尽管处在不同的发展阶段，在法律基础、运行机制等方面也不尽相同，但二者都将区域经济合作作为实现地区政治安全目标的一个重要途径，欧亚经济联盟与东盟经济一体化的利益诉求十分相似，都坚持外向型的经济发展战略，力图通过加强区域内的相互合作，努力改善生产和贸易结构，促进工业化发展，分享规模经济效应，谋求共同发展。在机制建设和一体化发展水平方面，欧亚经济联盟已超过东盟，其组织机制设计更为严谨，运行规则针对性更强，中长期目标更为明确。在推进地区一体化方面，两个一体化组织都面临政治层面的一定障碍，但东盟相比欧亚经济联盟，由于缺乏地区的核心主导力量，加之相对松散的组织机制，使得其一体化进程的推进更加困难。

3. 南方共同市场

20世纪90年代，随着全球范围内区域经济一体化的深入发展，拉丁美洲地区的经济一体化也随之蓬勃发展。南方共同市场是南美洲地区规模最大、影响范围最广的经济一体化组织，辐射了拉美地区总面积的59%和总人口45%的广阔市场，成立于1991年3月26日，1995年1月1日正式启动，其间为过渡期。初始成员国包括阿根廷、巴西、巴拉圭和乌拉圭，后吸纳委内瑞拉和玻利维亚成为正式成员国，其联系国包括智利、秘鲁、哥伦比亚、厄瓜多尔、苏里南和圭亚那，观察员国包括新西兰和墨西哥。南方共同市场成立的纲领性文件是1991年签署的《亚松森条约》和1994年签订的《欧鲁普雷图议定书》，分别确定了南方共同市场的目标和规定了其运行的组织机构。《亚松森条约》的主要目标是"社会公平下的经济发展"，规定了三个发展阶段：1991—1994年建成自由贸易区；1995年建成关税同盟；最终目标是建立共同市场并实行共同的对外关税，使各个成员国之间的商品贸易基本实现互免关税。南方共同市场成立之初，主要致力于建立一个货物、服务、资本和劳动力能够不受关税和非关税壁垒阻碍而自由流动的区域。成立的宗旨则是通过有效利用自然资源、保护环境、实现环境友好型的可持续经济发展；深化产业分工和各国间的经济合作，协调宏观经济政策，加强各个经济部门的互补；促进成员国科技进步和实现经济现代化，进而改善人民生活条件并推动整个拉丁美洲地区的经济一体化进程。其主要职责包括制定贸易开放计划、协调贸易政策、协调宏观经济政策、解决争端和保障公平竞争环境五个方面。具体目标导向分别是：（1）贸易开放计划的主要目标是在成员国之间逐步、连续和自动取消关税和非关税壁垒限制；（2）协调贸易政策的主要目标是使一体化进程的利益和成本在成员国间得以均衡分配，继而拉动区域内的经济增长；（3）协调宏观经济政策的主要目标是使成员国的宏观经济政策与共同市场降低关税和取消非关税壁垒的计划保持一致，确保在成员国之间保持适当的竞争条件，主要涉及协调宏观经济政策的日程、原产地规则、争端解决机制和保障条款等原则性问题；（4）解决争端的主要目标是确定协商解决争端的原则、程序和解决的仲裁办法；（5）保障公平竞争环境的主要目标是确保各方参与公平竞争的机会，提供合理的产品价格并保证品质，防止价格扭曲导致利益分配不均，保障各类投资者在南方共同市场内享有国内企业同等待遇，限制优势企业滥用市场地位的行为获利，同时加强不正当竞争方面的合作协商。

过渡期内，南方共同市场在关税减让方面取得了一定的突破，明确了实现完全自由贸易和建立共同对外关税的两大目标。1994年《欧鲁普雷图议定书》签订后，南方共同市场从自由贸易区逐步转变成关税同盟，虽然各成员国之间的一些贸易问题得到了解决，但大多数与非关税贸易壁垒方面的贸易争端被搁置。由于南方共同市场在机制构建方面没有建立一个超越国家主权的组织机构来负责协调贸易冲突和调解纠纷，因此在解决贸易争端方面倾向于采取单边措施，整体上缺乏有效的约束机制，成员国建立的谈判协调机制仍具有政府间谈判的显著特点。由于成员国之间经济和贸易规模的不均衡以及生产结构和增长周期的不协调加剧了地区贸易保护主义和单边主义的盛行，这成为南方共同市场加深一体化发展的主要障碍。南方共同市场成员国2010年签署《共同关税条例》后，迄今未能形成真正的关税同盟。未来，深化巴西和阿根廷的双边合作，加强各成员国内部之间的政策协调能力，提升相互的经济依存度和内部凝聚力是南方共同市场进一步加快一体化进程的关键。

在组织机构运行的机制建设方面,根据《亚松森条约》和《欧鲁普雷图议定书》的有关规定,南方共同市场由市场理事会、共同市场小组、贸易委员会、议会联合委员会、经济和社会咨询论坛和行政秘书处等机构组成,主要合作机制包括:制定贸易自由化计划、协调宏观经济政策和部门协定。

总体来看,南方共同市场的构建主要吸取了欧盟的组建经验,以开放的地区主义为指导方针,秉持多元开放的理念,具有开放性和兼容性等特点,力求通过加强互惠互利和对外低度保护的地区合作方式维护自身安全,促进本国经济结构调整和地区经济发展,实现拉美地区在经济、政治等领域的一体化合作。它在一定程度上增强了市场内的相互依存度,促进了成员国的规模经济效益,刺激了内外部投资,加大了成员国对第三方的议价能力,也维护了和平共处的地区政治安全。今后,南方共同市场除了持续推动地区贸易和投资合作之外,还应参照欧盟模式,在金融、产业合作、基础设施等领域,以及在协调宏观经济政策、社会政策及抵御外部冲击等方面进一步加强合作,克服成员国发展不平衡的困难,建立更为广泛的一体化领域,真正促进地区经济一体化发展,进而推动政治一体化。南方共同市场相比欧亚经济联盟,两个一体化组织的中长期发展目标类似。在关税同盟和超国家机制建设方面，尽管欧亚经济联盟领先于南方共同市场，但以俄罗斯为主导的欧亚经济联盟和以巴西为主导的南方共同市场都要面对地区经济发展不均衡、重点领域一体化推进难度大、国际局势变化和大国利益角逐影响等诸多挑战，通过深化地区经济一体化提高国际竞争力、提升投资吸引力、加快经济发展、促进区域安全的总目标是一致的。在区域经济一体化方面，南方共同市场明显落后于欧亚经济联盟，这主要是由于其缺乏统一的宏观经济政策，加之地区主导国巴西及其他成员国的经济形势不佳，地区内相互贸易占比较低，贸易保护主义盛行，使得该组织一体化进程难以持续推进，区域货币联盟也难以实现。

（三）欧亚经济联盟目标导向对其合作方向产生的影响

欧亚经济联盟自成立以来，其总体发展目标和实施路径清晰，对其合作方向产生积极影响，内部整体运行状态稳中有进，法制机制不断完善，政策协调机制逐步推进，对外合作蓬勃开展，区域经济一体化效应日益显现，地区影响力和国际知名度不断扩大。具体体现在以下几个方面。

首先，促进欧亚经济联盟法律机制建设不断取得新进展,这是确保欧亚经济联盟各方展开相互有效合作的基础。特别是新版《欧亚经济联盟海关法典》于2018年1月1日正式生效。它均衡考虑了欧亚经济联盟各方的利益,旨在通过应用现代信息化手段进一步简化欧亚经济联盟内的商品通关程序,优化工作流程,提高通关效率,这将有利于大幅改善欧亚经济联盟的商品贸易环境,在强化欧亚经济联盟内贸易关系,确保商品得以自由流通的同时,可加大外部投资的吸引力,夯实商品共同市场的法律基础。

其次,推进欧亚经济联盟一体化政策协调机制不断完善,这是实现欧亚经济联盟既定经济发展战略目标的根本。一直以来,确保宏观经济政策的全面协调都是欧亚经济联盟的一项重要的发展任务。近年来,为应对复杂的外部经济环境变化以及内部原生性经济增长动力不足等困境,欧亚经济联盟加大了一体化政策协调的力度,相继签署并通过了《2017—2018年度欧亚经济联盟成员国宏观经济政策重点方向》《2018—2020年欧亚经济联盟成员国交通政策协调主要方向与实施阶段规划》《欧亚经济联盟商品标签协定》《欧亚经济联盟建立石油与石油产品共同市场规划》《欧亚经济联盟成员国劳动者养老金保障协议》等重要文件。此外,欧亚经济联盟还实现了教育文件互认,为各成员国公民的生活、工作和内部自由流动创造了良好的条件。

再次，强化欧亚经济联盟内部合作进行联合抗疫，不断增强欧亚经济联盟自身凝聚力，这是欧亚经济联盟一体化效应显现的一个重要体现。新冠疫情期间，欧亚经济联盟内部高层互动频繁，各成员国在欧亚经济联盟框架下积极磋商，专门成立疫情监控和及时应对临时协调委员会，适时出台一系列联合抗疫的举措，包括：开通绿色通道简化对重点防疫物资的进口手续，并在规定期限内免征进口关税；联合采取共同措施，在一定时期内限制重点防疫物资对第三国的出口；对欧亚经济联盟外的国家实施临时粮食出口配额制度等。在疫情对欧亚经济联盟各国经济造成巨大冲击的背景下，加强欧亚经济联盟内部合作，尽力为恢复经济和未来经济发展创造条件是各成员国的共识。为此，欧亚经济联盟提出要加快各成员国在物流、海关和税收方面的数字化进程，确保金融市场和支付体系运行的稳定，充分利用欧亚稳定发展基金和欧亚开发银行的金融机制，对欧亚经济联盟内受疫情影响较大的行业企业提供支持。

最后，积极拓展对外经济合作，不断提升欧亚经济联盟在地区和国际的影响力。在地区合作层面，继续发挥在欧亚地区的引领作用，吸收摩尔多瓦和乌兹别克斯坦为欧亚经济联盟观察员国，并与独联体执委会签署了深化合作备忘录,进一步拓展机制化合作内容。在国际合作层面,欧亚经济联盟与越南、伊朗、中国、新加坡、塞尔维亚签署贸易协议,与 8 个区域一体化组织、14 个国家的政府、11 个部委、39 个国际组织及其分支机构签署备忘录。[①] 这不仅扩大了欧亚经济联盟在世界范围内的影响,还大大促进了欧亚经济联盟国家与这些国家和地区的经贸往来,相互贸易额的增长幅度从几倍到几十倍不等。

---

① 《欧亚经济委员会执委会主席就〈欧亚经济联盟条约〉签署六周年发表宣言》,http://www.mofcom.gov.cn/article/i/jyjl/e/202006/20200602971580.shtml。

三　欧亚经济联盟的发展态势

作为联盟成员国中的主导方，俄罗斯意在将欧亚经济联盟建设成集政治、经济、社会于一体的综合性国家间欧亚经济联盟，以经济一体化为基础，推动政治一体化，最终建成"欧亚一体化"。① 但由于白俄罗斯和哈萨克斯坦两国的极力反对，欧亚经济联盟仅被牢牢限定在经济领域。截至目前，欧亚经济联盟一体化所取得的成就基本上局限在经济一体化。② 欧亚经济联盟作为新型区域一体化组织已形成稳定的体制基础，在商品贸易、共同市场及数字经济建设等领域取得一

---

① 王晨星、李兴：《欧亚经济共同体与欧亚经济联盟比较分析》，《俄罗斯东欧中亚研究》2016 年第 4 期；Чеканова, Татьяна Евгеньевна, "Особенности стратегии интеграционного развития Евразийского экономического союза," МИР (Модернизация. Инновации. Развитие), Vol. 10, No. 4, 2019。

② П. Б. ЗВЕРЕВ, "Направления позицирования в мире Евразийского экономического союза," СПб: Изд-во СЗИУ РАНХ и ГС, 2013, pp. 16 – 19；Е. 维诺库罗夫、封帅：《欧亚经济联盟：发展现状与初步成果》，《俄罗斯研究》2018 年第 6 期。

定成就：欧亚经济联盟内、外商品贸易实现恢复性增长（2015—2018年欧亚经济联盟内成员相互贸易额由453亿美元增长到597亿美元，增幅32%；欧亚经济联盟向第三国出口商品总额增长30%），药品和医疗器械等单一市场正式开始运作，启动包括数字交通走廊等五个数字项目等。[①]

随着全球化发展，曾经以传统一体化协定降低关税和配额的"浅度一体化"已经不能满足各国和区域间的经济发展诉求，而以降低关税和配额为前提，开展更为广泛的合作以促进"深度一体化"已成大势所趋。

（一）基于特征事实的经济一体化态势

1. 总体合作进展缓慢

欧亚经济联盟成立以来，总体合作（聚焦于贸易和投资）虽有所进展，但表现不尽如人意。通过对比欧亚经济联盟成立前后可以看出，无论是贸易还是投资，欧亚经济联盟成立后的整体表现均不及成立前5年，尤其在投资方面；贸易和投资规模在2015年断崖式下跌，随后几年呈现缓慢恢复的增长趋势（见图3-1）。究其

---

① 季莫菲·博尔达切夫、周佳：《中国可靠的合作伙伴——欧亚经济联盟这五年》，《中国投资》（中英文）2020年第1期。

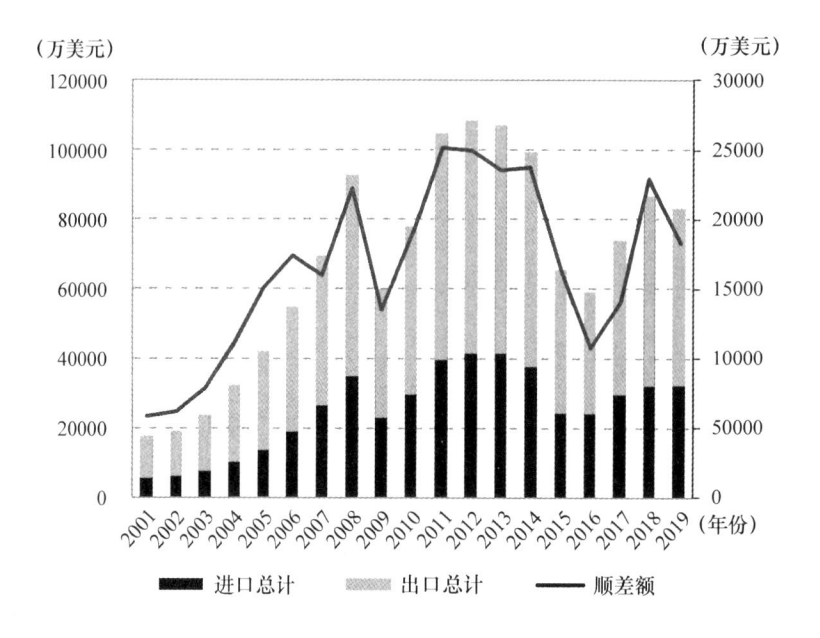

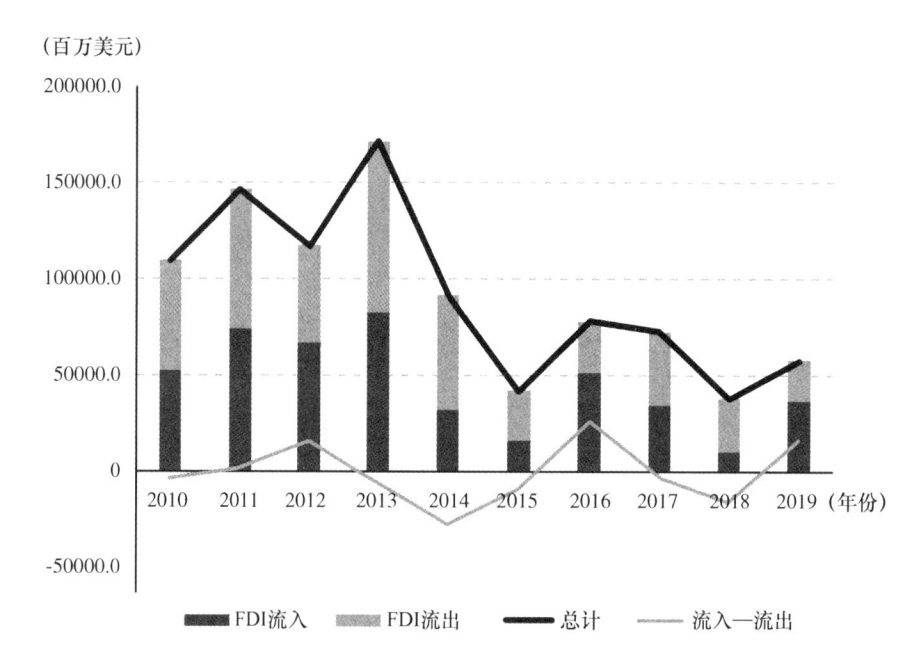

图 3-1 2001—2019 年欧亚经济联盟贸易与投资进展

资料来源：国际贸易中心（International Trade Centre，ITC）、欧亚经济委员会（Eurasian Economic Commission，EEC）。

原因主要体现在内外两方面：一方面，自成立以来，欧亚经济联盟始终遭受如欧盟等对其合法地位的质疑所带来的外部竞争压力和制衡，[①] 同时其主导国俄罗斯还深受欧美持续不断的经济制裁；[②] 另一方面，欧亚经济联盟内存在利益分歧，效率有待提升。[③]

2001—2014年，欧亚经济联盟与全球贸易额总体呈现明显上升态势（除2009年受国际金融危机影响出现短暂下降外）；但自2015年欧亚经济联盟

[①] 俄罗斯瓦尔代俱乐部项目总监季莫菲·博尔达切夫（Timofei Bordachev）2020年撰文指出："所谓欧亚一体化邻国与外部合作伙伴的概念时常模糊。对于作为重要外部合作伙伴的欧盟和中国而言，当前欧亚经济联盟的范围并非十分确切，因而该问题的重点在于，欧亚经济联盟成员国需要向其（外部合作伙伴）出示标准答案。继亚太国家后，欧盟便成为当前欧亚经济联盟的第二大经济合作伙伴。然而，官方层面上，并无理由认为在未来5—7年欧盟将承认欧亚经济联盟的合法地位且与之展开全面对话，并真正成为其合作伙伴。"详见季莫菲·博尔达切夫、周佳《中国可靠的合作伙伴——欧亚经济联盟这五年》，《中国投资》（中英文）2020年第1期。

[②] 据统计，自2013年4月至2019年6月，美国对俄共实施798项制裁，涉及398人及522个组织，主要涉及金融、能源、贸易等多个领域。同时，2021年7月12日，欧盟理事会在一份声明中宣布，决定延长对俄罗斯经济制裁的期限至2022年1月31日；美国政府也宣布将俄罗斯多家企业列入黑名单，对俄罗斯采取了更加严厉的出口管制。详见https：//news.ifeng.com/c/87p76Ztqxfy。

[③] 有的成员国企业和大众并没有从一体化生产、市场经营中获得利益，国家间科学、教育和文化重大合作计划也未落地；各国政府有时因对一体化激励措施认知不足，利益难以协调，无法执行欧亚经济联盟合作计划。详见王晨星《矛盾与彷徨：欧盟对欧亚经济联盟的认知与对策分析》，《俄罗斯学刊》2017年第2期；季莫菲·博尔达切夫、周佳：《中国可靠的合作伙伴——欧亚经济联盟这五年》，《中国投资》（中英文）2020年第1期。

成立后，与全球贸易额在 2016 年触底至不足 6000 亿美元，随后缓慢增长至 2019 年的 8300 亿美元，这一水平只略高于 2010 年水平，年均增速仅 6%，远远低于欧亚经济联盟成立之前。欧亚经济联盟成立后对外贸易在短暂性下降后进入缓慢恢复期，且欧亚经济联盟贸易总体呈现出口导向性特征。

与贸易发展趋势类似，投资在欧亚经济联盟成立后也出现了较为明显的下降。欧亚经济联盟成立前 5 年，5 个成员国总体投资处于较高水平，且在 2013 年达到最高值 1712 亿美元；但自 2015 年欧亚经济联盟成立至 2019 年，成员国投资额降幅显著，最高投资额为 2016 年的 779 亿美元，但仍低于前 5 年最低水平（2014 年 918 亿美元）。具体而言，欧亚经济联盟无论是 FDI 流入还是流出，都与总体投资发展趋势保持一致。欧亚经济联盟 FDI 净流向变化频繁，主要表现在 FDI 流入与流出的差值波动显著，总体投资增长时，FDI 净流入增加，反之 FDI 净流出增加。可见，在欧亚经济联盟成立后，欧亚经济联盟对外投资以及吸引欧亚经济联盟外的投资均出现了较为明显的不确定性。

2. 对外贸易格局明显改变

欧亚经济联盟作为新型的区域一体化组织，其成功与否不仅取决于欧亚经济联盟内部合作进展情况，而且依赖于与外部（典型一体化组织或国家）能否建立良好的经济合作。鉴于此，选取东盟（ASEAN）、南方共同市场（MERCOSUR）、欧盟28国（EU28）、北美自贸区（NAFTA）以及中国（CHINA）作为欧亚经济联盟合作伙伴，对贸易格局演变加以分析。①

欧亚经济联盟成立至今对外贸易规模较成立前并未明显扩张，在波动中缓慢回升。进一步分析贸易进出口结构，欧亚经济联盟成立之初进、出口贸易额较成立前均呈现大幅度下跌，随之缓慢增长。从对外贸易占比来看，欧盟始终是欧亚经济联盟的最主要的贸易伙伴，其贸易份额远远高于其他一体化组织和国家。但进入21世纪以来，欧亚经济联盟同欧盟贸易所占比重趋于下降，由2001年的46.63%跌至2014年的42.35%，并在2015年欧亚经济联盟成立后持续下跌（2019年降至37.52%）；不同的是欧亚经济联盟与中国贸易合作持续向好，其占比不断提升，由2001年的4.77%攀升至2014年的10.93%，并在2015年后以更快速度增长，2019年其占比超过15%；与其他三个一体化组织贸易规模较小，其份额相对稳定，见图3-2。

---

① 之所以选取中国主要是因为欧亚经济联盟建立后与中国经济合作十分紧密，甚至超越与其他区域性组织的合作规模，同时，中国在"一带一路"倡议下与欧亚经济联盟的合作也将加速。

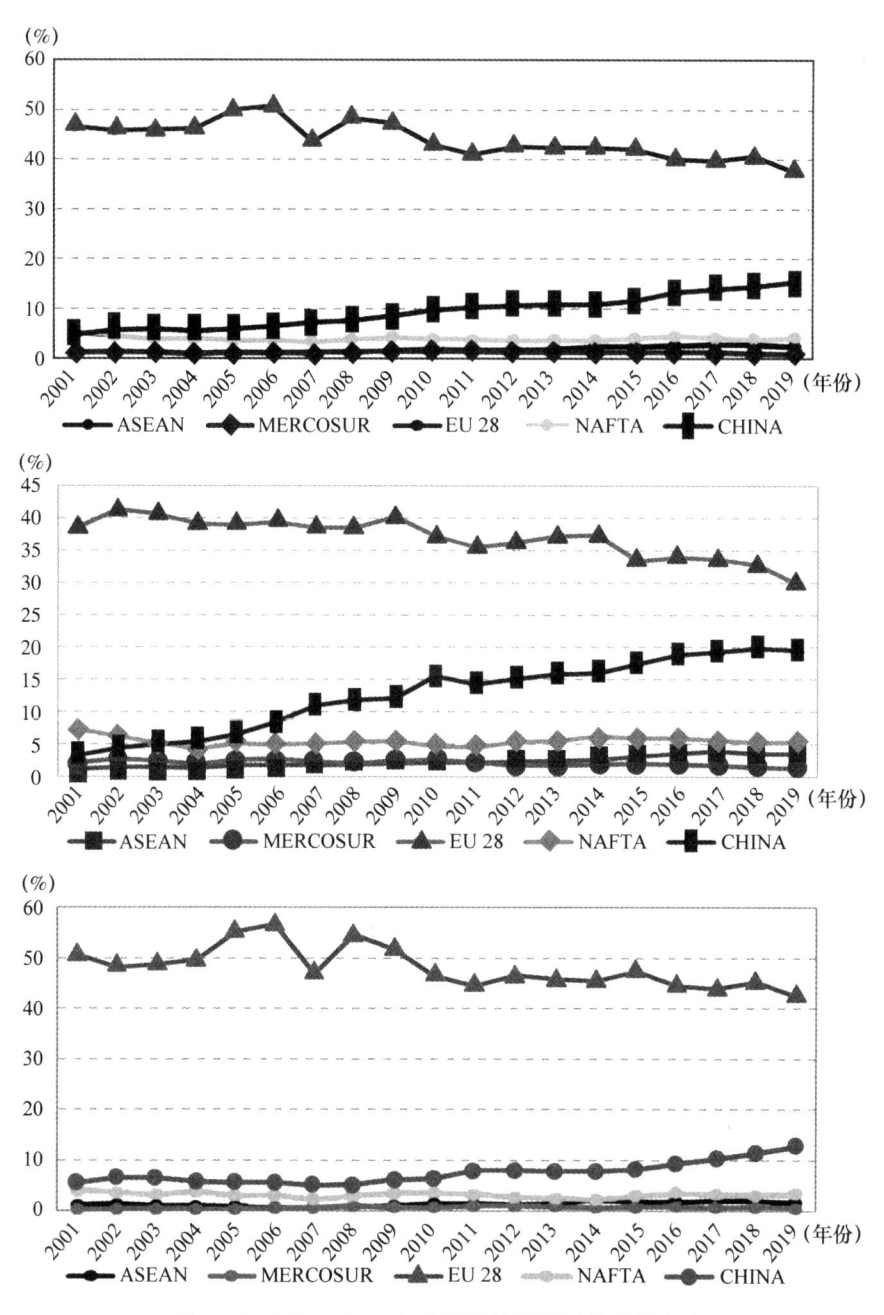

图 3-2　2001—2019 年欧亚经济联盟对外贸易占比

注：上图为进出口总额，中图为进口，下图为出口；图中 ASEAN、MERCOSUR、EU 28、NAFTA 及 CHINA 分别代表东盟、南方共同市场、欧盟 28 国、北美自贸区及中国。

资料来源：国际贸易中心（International Trade Centre，ITC）相关数据计算而得。

3. 投资规模不及成立前五年

通过对比欧亚经济联盟成立前后5年投资数据能够看出，预期通过欧亚经济联盟吸引外部投资的目标并没有实现。2015年欧亚经济联盟吸引外资规模（以FDI流入额衡量）居于近10年较低水平，不足2014年的1/2，随后几年波动明显；从投资结构来看，区域外FDI流入占欧亚经济联盟FDI流入总额的比重在2015年出现明显下降后，2019年基本恢复至成立前的水平（95%以上），而欧亚经济联盟向外投

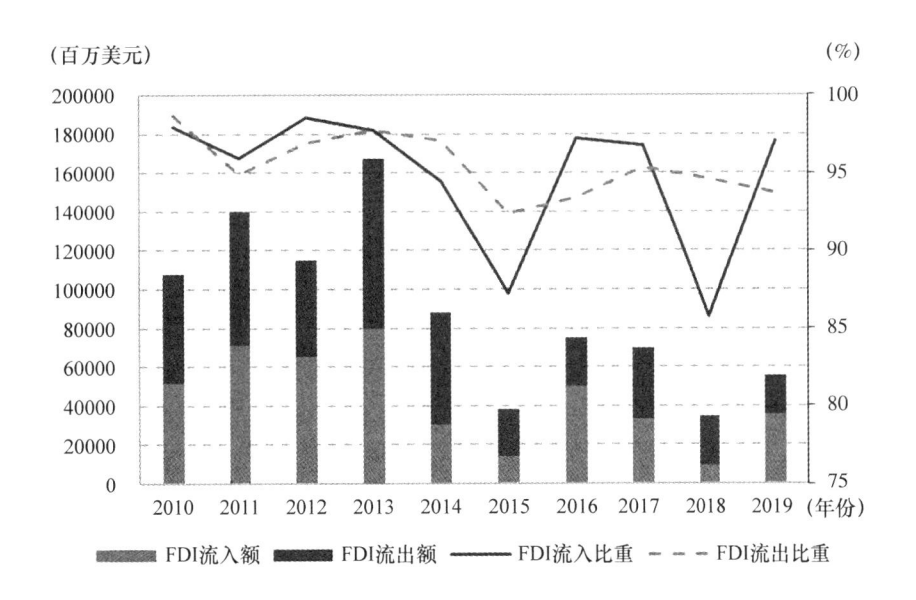

图3-3 2010—2019年欧亚经济联盟区域外投资情况

注：区域外FDI流入额＝联盟FDI流入总额－区域内FDI流入额；区域外FDI流入（出）比重＝区域外FDI流入（出）额/联盟FDI流入（出）总额。

资料来源：欧亚经济委员会（Eurasian Economic Commission, EEC）。

资（以FDI流出衡量）占全部投资的比重尽管始终保持在90%以上，但仍不及成立前5年的水平（见图3-3）。

而具体分析欧亚经济联盟5个成员国，除哈萨克斯坦外（唯一一个FDI流入额总体增长的国家），俄罗斯和白俄罗斯两国FDI流入额自欧亚经济联盟成立后整体趋于下降。FDI流出同样表现不佳，俄罗斯、白俄罗斯以及哈萨克斯坦三国FDI流出额稳中有跌，没有出现欧亚经济联盟对外投资趋好的态势（见表3-1）。

表3-1　　2010—2019年欧亚经济联盟成员国区域外投资　　单位：百万美元

年份	亚美尼亚		白俄罗斯		哈萨克斯坦		吉尔吉斯斯坦		俄罗斯	
	流入	流出	流入	流出	流入	流出	流入	流出	流入	流出
2010			933.7				76.1		68.3	724.8
2011			2821.4	120.4			-0.3		192.9	3583.1
2012			478.2	111.6			31.9		456.3	1442.9
2013			868.8	219.5	446.0	153.9	67.0		506.7	1638.1
2014	108.5		618.0	59.9	529.1	101.3	48.4		459.5	1580.5
2015	130.4		736.8	30.8	197.3	225.6	512.5		513.1	1694.3
2016	-90.9		543.8	46.3	292.3	487.0	279.5		414.3	1173.1
2017	-0.9		462.7	52.0	500.6	302.2	78.1		91.3	1406.2
2018	161.8		570.8	42.0	605.3	253.3	-13.9		187.2	1154.7
2019	16.8		457.9	-4.4	446.4	351.6	-3.8		179.1	938.3

资料来源：欧亚经济委员会（Eurasian Economic Commission, EEC）。

4. 经济增长效应不显著，且异质性凸显

欧亚经济联盟成员国内部经济规模存在较大差异，加入欧亚经济联盟对各国势必会带来不同影响。欧亚经济联盟是一个以经济一体化为主导，逐步实现欧亚一体化的新型区域一体化组织。现阶段，欧亚经济联盟成立的经济效应主要集中在商品贸易以及驱动经济增长两方面，即商品共同市场运行状况以及对成员国经济增长的贡献度。

首先，欧亚经济联盟成立后，商品共同市场已经形成并总体运行良好。2018年1月，新版关税同盟海关法典——《欧亚经济联盟海关法典》正式生效，欧亚经济联盟各成员国进出口税率和海关管理得到进一步统一，标志着欧亚经济联盟内部商品共同市场基本建成。当前，在商品共同市场领域，虽然欧亚经济联盟贸易体量不大，但是其内部与对外商品贸易额总体呈现缓慢增长势头。就内部商品贸易而言，欧亚经济联盟成立以来，除2016年欧亚经济联盟贸易出现短暂下降外，最近三年贸易额均呈现上涨趋势，并在2019年达到欧亚经济联盟成立后的最高值583.70亿美元，仅次于2011—2013年。同时，区域内贸易占全球贸易额的比重也在2016年突破2%，并在2017年达到近十年最高

2.11%，即在全球贸易份额的比重不断提升，但增幅有限（见表3-2）。

表3-2　　　　欧亚经济联盟成立后区域内贸易　　　单位：亿美元、%

年份	出口	进口	总额	区域内贸易占比
2015	286.71	140.15	426.86	1.96
2016	261.66	142.44	404.10	2.03
2017	343.92	181.37	525.29	2.11
2018	388.92	190.18	579.10	1.98
2019	381.90	201.81	583.70	2.08

资料来源：国际贸易中心（International Trade Centre，ITC）。

其次，从欧亚经济联盟成立对成员国经济增长的贡献来看，对小国经济拉动作用更为突出。其中，对亚美尼亚和吉尔吉斯斯坦的经济贡献始终保持两位数，甚至在欧亚经济联盟成立初期对吉尔吉斯斯坦的经济贡献超过100%；对于经济规模相对较大的白俄罗斯和哈萨克斯坦，区域内贸易对两国经济增长的贡献虽呈现出较大波动，但总体影响趋于加深；俄罗斯受益于欧亚经济联盟成立的增长效应最小（见表3-3）。

表3-3　欧亚经济联盟经济贡献度[1]

单位：亿美元，%

		2011年	2012年	2013年	2014年	2015年	2016年	2017年	2018年	2019年
亚美尼亚	区域内贸易	6.86	8.02	8.79	8.97	12.14	13.79	18.02	20.33	25.89
	GDP	101.42	106.19	111.21	116.10	105.53	105.46	115.27	124.58	136.73
	经济贡献度	9.01	24.18	15.42	3.63	-30.06	-2285.63	43.10	24.88	45.73
白俄罗斯	区域内贸易	405.07	354.90	319.29	299.49	241.50	239.64	310.52	350.75	334.13
	GDP	617.58	656.85	755.28	788.14	564.55	477.23	547.27	600.31	630.80
	经济贡献度	252.95	-127.75	-36.17	-60.26	25.94	2.13	101.20	75.82	-54.49
哈萨克斯坦	区域内贸易	226.22	261.61	247.68	232.85	165.94	143.32	188.18	198.76	205.78
	GDP	1926.27	2079.99	2366.35	2214.16	1843.88	1372.78	1668.06	1793.40	1801.62
	经济贡献度	13.52	23.02	-4.87	9.74	18.07	4.80	15.19	8.45	85.34

[1] 表3-2和表3-3关于区域内贸易数据密切相关，在此做简要说明：表3-3中5国某一年区域内贸易之和除以2等于表3-2中相应年份区域内贸易数值。其原因在于表3-3中5国数据加总存在重复计算，如亚美尼亚的区域内贸易包含对俄罗斯的出口和进口，而俄罗斯的区域内贸易包含对亚美尼亚的进口和出口，上述数据中亚美尼亚对俄罗斯的出口（出口）等于俄罗斯对亚美尼亚的进口（进口），以2018年为例：（20.33+350.75+198.76+27.65+560.70）/2＝579.095亿美元≈579.10亿美元。

续表

		2011年	2012年	2013年	2014年	2015年	2016年	2017年	2018年	2019年
吉尔吉斯斯坦	区域内贸易	23.75	29.08	31.89	31.90	23.13	21.18	26.10	27.65	28.17
	GDP	61.98	66.05	73.35	74.68	66.78	68.13	77.03	82.71	84.55
	经济贡献度	24.62	130.72	38.49	0.54	110.98	-144.41	55.28	27.29	28.31
俄罗斯	区域内贸易	625.93	612.52	566.73	525.48	411.00	390.28	507.75	560.70	573.44
	GDP	20459.26	22082.96	22924.73	20592.42	13634.81	12767.87	15741.99	16695.83	16998.77
	经济贡献度	3.36	-0.83	-5.44	1.77	1.65	2.39	3.95	5.55	4.20

注：经济贡献度＝一国区域内贸易增量/一国国内生产总值（GDP）增量×100%。

资料来源：国际贸易中心（International Trade Centre, ITC）、世界银行（Worldbank Database）。

（二）深度一体化评估

当前，全球区域经济一体化正呈现日趋深化的特征。这主要体现在多数自由贸易协定文本中涵盖了服务贸易、技术标准、知识产权、投资自由化、政府采购、货币合作及竞争政策等内容。这意味着不断扩展经贸合作领域将是一种范围更广、层次更深的一体化安排。

首先对《欧亚经济联盟条约》（以下简称《条约》）与《跨太平洋伙伴关系协定》（以下简称 TPP）和《美国—墨西哥—加拿大协定》（以下简称 USMCA）进行文本比较；然后利用 UNESCAP 分类（见表 3-4）对欧亚经济联盟已签署的 4 项自贸协定文本进行赋分量化分析，[①] 旨在对欧亚经济联盟一体化深度进行评估。一体化深度评估方法借鉴文洋和王维薇（2016）、黄启才和黄志刚（2016）采用的量化方法：若自贸协定文本中出现表 3-4 所示的每一项内容即被赋予 1 分，最后进行加总，加总的分数可反映该自贸协定的一体化深度。[②] 在表 3-4 的六个主要领域中，自贸协定文本中出现的相

[①] 目前，欧亚经济联盟已与越南、伊朗（临时）、新加坡和塞尔维亚 4 国签署自贸协定。

[②] 文洋、王维薇：《亚太地区深度一体化的评价与启示》，《亚太经济》2016 年第 1 期；黄启才、黄志刚：《中国—东盟自由贸易区未来持续升级分析——基于与 TPP 深度一体化比较》，《亚太经济》2016 年第 6 期。

关内容越多，说明在该领域的有效条款越多，合作广度和深度越高。在上述评价体系中，每个自贸协定的深度取值区间为 [0，58]。

表 3-4　　　　　　　UNESCAP 对 FTAs 的条款分类

主要领域	具体条款
货物	1. 关税；2. 原产地规则；3. 反倾销；4. 反补贴；5. 保障措施；6. 标准措施
服务	7. 承诺减让表；8. 跨境支付；9. 跨境消费；10. 商业存在；11. 自然人流动；12. 金融服务（具体章节）；13. 电信（具体章节）；14. 自然人流动（具体章节）；15. 专业服务（具体章节）；16. 其他（具体章节）；17. 最惠国待遇；18. 国民待遇；19. 市场准入；20. 国内规制；21. 补贴；22. 拒绝利益
投资	23. 投资清单；24. 投资的定义；25. 最惠国待遇；26. 最惠国例外条款；27. 国民待遇；28. 准入前国民待遇；29. 公平与公正待遇；30. 对公平公正待遇的明确规定；31. 征收和补偿条款；32. 对征收和补偿明确规定；33. 董事会及高管人员；34. 投资者—东道国仲裁；35. 拒绝利益
贸易便利化	36. 海关程序；37. 海关估价；38. 透明度；39. 利用信息和通信技术；40. 商务人士流动；41. 过境自由；42. 运输物流；43. 贸易融资
原产地规则	44. 最低成分标准；45. 税目改变标准；46. 特定加工标准；47. 积累条款；48. 微量条款；49. 退税条款
其他领域	50. 政府采购；51. 投资；52. 竞争政策；53. 知识产权；54. 争端解决；55. 劳动力流动；56. 劳工和环境标准；57. 技术合作；58. 制度机制

资料来源：UNESCAP 的 FTA 数据库，https：//artnet. unescap. org/APTIAD/agg_db. aspx。

1. 《条约》具备自身特征，但标准不高

《条约》是由俄罗斯、白俄罗斯以及哈萨克斯坦三方共同签署的国际性经济条约，是经济全球化和区域

经济一体化进程发展的结果。《条约》由正文和附件两部分组成，共分四章：联盟的设立、关税同盟、统一经济空间、过渡条款及最终条款，第二、三章构成条约的核心部分。其中，第二章为关税同盟，由信息共享与统计、关税同盟的职能、药品和医疗产品流通监管措施、海关监管和关税调整、对外贸易政策、技术管理、卫生与植物卫生措施、消费者权益8节构成；第三章为统一经济空间，该部分由宏观经济政策、货币政策、服务贸易与投资、金融市场监管、税收、竞争的统一原则和规则、自然垄断、能源、交通、政府采购、知识产权、工业、农业、劳务流动等构成。从上述核心内容看，《条约》除涉及关税调整、海关监管等传统自由贸易协定的条款外，同时还将宏观经济政策、竞争、政府采购、知识产权以及劳务流动等近些年自由贸易谈判较为流行的深度一体化议题纳入其中。

尽管如此，《条约》相较于当前高标准贸易协定TPP和USMCA而言，[①] 仍存在较大差距，但也具有自

---

① TPP涵盖初始条款和总定义、国民待遇与市场准入、纺织品和服装、原产地规则、海关管理与贸易便利化、卫生和植物卫生措施、技术性贸易壁垒、贸易救济、投资、跨境服务贸易、金融服务、商务人员临时入境、电信、电子商务、政府采购、竞争政策、国有企业和指定垄断、知识产权、劳工、环境、合作和能力建设、竞争力和商务便利化、发展、中小企业、监管一致性、透明度和反腐败、管理和机制条款、争端解决、例外以及最终条款。USMCA包括初始条款与一般定义、国民待

身特征，具体表现在：第一，未涉及 TPP 和 USMCA 协定中关于原产地规则与程序、贸易救济、商务人士临时入境、电信、电子商务、国企和中小型企业、环境、监管、反腐败以及管理和机制等条款；第二，将宏观经济政策作为独立条款纳入，此项条款仅在 USMCA 中涉及，TPP 未设相关议题；第三，将药品和医疗产品流动监管、能源、交通和工业单列成章，从一定程度上表明各缔约国对上述部门的合作较为重视，以此来实现欧亚经济联盟成立之初设定的未来十年发展目标，而 USMCA 仅仅在第十二章部门附件中对药品和医疗器械加以规定。

2. 自贸协定文本的深度一体化分析

从协定涉及范围来看，欧亚经济联盟主要侧重亚洲地区；而若以缔约国发展水平作为划分标准，欧亚经济联盟除与新加坡建立"南—北型"区域经济一体化外（与韩国正在谈判），其余均属"南—南型"区域经济一体化。

遇与市场准入、农业、原产地规则、原产地程序、纺织品与服装、海关管理与贸易便利化、承认墨西哥对碳氢化合物的所有权、卫生和植物检疫标准、贸易救济、贸易技术堡垒、部门附件、政府采购、投资、跨境服务贸易、商务人士临时入境、金融服务、电信、数字贸易、知识产权、竞争政策、国有企业与指定垄断企业、劳工、环境、中小企业、竞争政策、反腐败、良好的监管实践、公布与实施、管理与机构条款、争端解决、例外与一般规定、最后条款。

首先，对欧亚经济联盟已签署的4个自贸协定文本进行初步梳理。欧亚经济联盟与越南签署的自贸协定共计十五章，除第一章总则和最后一章最后条款外，核心章节主要分为十三章：货物贸易、贸易救济、原产地规则、海关管理和贸易便利化、技术性贸易壁垒、卫生与植物卫生措施、服务贸易—投资和自然人流动、知识产权、政府采购、竞争、可持续发展、电子科技贸易以及争端解决；欧亚经济联盟与伊朗签署的临时自贸区协定共计九章，其中包括货物贸易、贸易救济、技术性贸易壁垒、卫生和植物卫生措施、原产地规则、促进贸易便利化和海关合作、争端解决七章核心内容；欧亚经济联盟与新加坡签署的自贸协定共计十六章，涵盖市场准入、贸易救济、原产地规则、海关合作和贸易便利化、技术性贸易壁垒、卫生与植物卫生措施、知识产权、电子商务、政府采购、竞争、环境、透明度、争端解决、制度条款十四章核心内容；欧亚经济联盟与塞尔维亚签署的自贸协定并没有区分具体章节，但与上述协定一样覆盖技术性贸易壁垒、卫生与植物卫生措施、知识产权、争端解决等核心内容。

其次，对上述4项自贸协定文本中涉及的具体条款进行定性分析后发现，各项协定存在明显差异。主要表现在欧亚经济联盟与越南自贸协定中设立服务贸易、投资和自然人流动独立章节，并就承诺减让、商业存在等服务贸易条款和投资定义、公平与公正待遇、征收和补偿条款等投资条款进行了详细列述；除塞尔维亚外，其余3项协定中包括最低减让标准、积累条款以及退税条款等涉及原产地规则的相关条款；与越南、新加坡以及伊朗3国协定均将海关程序、海关估价以及利用信息和通信技术等相关条款纳入贸易便利化章节；欧亚经济联盟与越南、新加坡的协定中包括政府采购、竞争政策、知识产权等深度一体化议题，与其他两国协定并不涉及。另外，欧亚经济联盟与越南和新加坡签署的协定中包括劳工和环境标准这一条款，而其他两项协定中并不涉及。总之，通过上述统计分析能够初步直观预判：欧亚经济联盟与越南签署的自贸协定覆盖范围相对较广，涉及议题相对较多，而与塞尔维亚的自贸协定中涉及领域较少。

根据前文一体化深度的测算方法对已签署的4个自贸协定文本进行定量评估后发现，最终结论与上文判断基本吻合。其中，欧亚经济联盟与越南签署的自贸协定文本一体化深度最高为39，占58个有效条款的67.24%；其次是欧亚经济联盟与新加坡签署的自贸协定，其一体化深度为24，占全部有效条款的41.38%；欧亚经济联盟与伊朗签署的自贸协定一体化深度为

18，占全部有效条款的31.03%；欧亚经济联盟与塞尔维亚签署的自贸协定一体化深度最低，仅为12，占全部有效条款的20.69%。可见，欧亚经济联盟已签署的4项自贸协定一体化深度差异明显，最低不足最高水平的1/3，占全部有效条款的比重相差近47个百分点（见表3-5）。

最后，选取越南、新加坡两国已签署的部分协定作为参照，通过对比能够看出，欧亚经济联盟除了与越南自贸协定一体化深度相对较高外，与新加坡、伊朗签署的协定均处于中等偏下水平，而与塞尔维亚的自贸协定则处于末位（见表3-5）。因此，欧亚经济联盟作为新型一体化组织，对外一体化深度仍然有待提升。同时，通过上述比较发现，对于欧亚经济联盟而言，以"权衡型"合作为特征的"南—北型"深度一体化并不一定高于以"互助型"为特征的"南—南型"深度一体化。

表3-5　欧亚经济联盟4项自贸协定及相关协定一体化深度

自贸协定	签署时间（年份）	深度	占比（%）	自贸协定	签署时间（年份）	深度	占比（%）
日本—新加坡	2002	44	75.86	新加坡—新西兰	2000	34	58.62
美国—新加坡	2003	44	75.86	日本—越南	2008	29	50.00
新加坡—秘鲁	2008	44	75.86	欧亚经济联盟—新加坡	2019	24	41.38

续表

自贸协定	签署时间（年份）	深度	占比（%）	自贸协定	签署时间（年份）	深度	占比（%）
新加坡—澳大利亚	2003	40	68.97	欧亚经济联盟—伊朗（临时）	2019	18	31.03
韩国—新加坡	2003	39	67.24	智利—越南	2011	14	24.14
欧亚经济联盟—越南	2015	39	67.24	欧亚经济联盟—塞尔维亚	2019	12	20.69

注：另根据报道，欧亚经济委员会理事会2021年3月5日举行会议，决定重新审定欧亚经济联盟针对第三国的关税优惠待遇，按照世界银行的最新分类标准，不需要向人均GDP超过4046美元的国家（伊朗、塞尔维亚以及新加坡）提供关税优惠，即取消对其最惠国待遇。暂未对上述变化进行修改，详见http://kz.mofcom.gov.cn/article/jmxw/202103/20210303042744.shtml。

资料来源：欧亚经济联盟已签署4项自贸协定一体化深度由笔者测算而得，其余协定一体化深度来源于：文洋、王维薇《亚太地区深度一体化的评价与启示》，《亚太经济》2016年第1期。

毋庸置疑，无论是按照理论演变还是根据实践发展，深度一体化合作已成为当前全球经济发展的必然趋势。在此背景下，尽管欧亚经济联盟正积极融入全球一体化进程，但一体化深度还有待提升。就内部而言，欧亚经济联盟各成员国发展水平差异较大，内部利益聚合与分歧并存，其中贸易是成员国间利益聚合领域，而能源、投资等领域在短期内利益分歧较大；成员国对欧亚经济联盟成立的战略意图不同，主要表现在俄罗斯想借助欧亚经济联盟确定其对欧亚地区的绝对支配地位（仍有较大差距),而其他成员国则试图在与俄罗斯保持密切合作的同时,加强与域外合作伙伴的良好互动;① 欧亚经济联盟缺乏有效的政府间合作机制,表现在《条约》缺少针对当成员国因陷入困境难以履行所作承诺时的具体协商机制;根据未来发展目标设定相关合作议题,但对于加强投资等具体目标并没有相关针对性条款;缺少原产地规则和程序、贸易救济、电子商务、国有和中小企业等关键条款,无法统一域内贸易规则和政策以提高国际生产效率,削弱了区域经济一体化效应。就外部而言,欧亚经济联盟更加侧重亚洲地区,但总体涵盖内容较少,一体化深度较低;相比货物贸易和贸易便利化,投资和服务贸易基本没有出现在与合作伙伴国的自贸协定条款中,这势必会影响区域经济一体化的投资刺激效应,同时也阻碍欧亚经济联盟开拓多元化国际市场。

(三) 发展态势的主要特点

从一体化发展态势结果来看,欧亚经济联盟成立后取得的成绩并不理想,或者说没有达到预期效果,但这不会阻碍其日后继续通过经济一体化效应吸引其

---

① 王晨星:《有限团结:欧亚经济联盟效能评估》,《俄罗斯学刊》2020 年第 6 期。

他国家加入欧亚经济联盟并推进贸易和投资便利化来加深内外部合作。当前联盟经济一体化尚存一些发展挑战，亟须加强成员国间协调，进一步减少内部冲突和异议，进而为经济一体化发展提供良好的制度环境。

纵观世界一体化演变历程，区域化组织不可能仅涉及经济层面，因为这仅涉及成员国短期利益，所以无法满足其实现特定和长期的利益，同时会给一体化发展引致潜在风险。鉴于此，有必要分析和认识现存挑战。

从内部来看，欧亚经济联盟发展态势呈稳中有进、缓慢前行的特点。如前所述，成员国在利益分配和战略意图上存在较大分歧，导致成员国难以协调利益，经济政策执行上存在较大差异。如何避免成员国因无法履行条约和附属法规所作承诺而使欧亚经济联盟陷入混乱，如何加强政府间合作并建立强大的合作机制（如在人事机制问题中如何权衡成员国个体利益与欧亚经济联盟超国家机制的集体利益，以及在决策机制问题上如何提高欧亚经济委员会权限和决策效率等）成为未来面临的重大挑战。同时，作为欧亚经济联盟中占主导地位的俄罗斯，由于自身经济增长动力不足，对其他成员国经济辐射力有限，弱化欧亚经济联盟内小国加强欧亚经济一体化的信心。

就外部而言，一方面，因欧盟质疑欧亚经济联盟的合法性，加之乌克兰危机的影响，导致欧亚经济联盟与欧盟的合作存在较大分歧，使双方经济合作停滞甚至倒退，如何寻求突破将成为未来面临的挑战；另一方面，百年未有之大变局背景下国际经济格局已然趋向"东升西降"，如何加强与发展中经济体的经贸合作，充分发挥欧亚经济联盟的比较优势和竞争优势，在对外战略协作和务实合作基础上实现"帕累托改进"也是当前亟须解决的问题。

四　欧亚经济联盟运行效能的综合评估

经过五年多的发展，欧亚经济联盟框架下成员国之间的合作力量明显上升，区域一体化的有效性得到彰显，然而成员国间的合作边界也逐渐清晰，欧亚经济联盟框架下区域一体化的有限性进一步凸显。具体体现在以下方面：一是欧亚经济联盟属于政府间合作类型，而非超国家机制类型。二是欧亚经济联盟内部利益聚合与利益差异并存，且相对泾渭分明。成员国间利益聚合效果相对较好的是贸易领域，但在能源、投资等领域短期内利益差异较大。而在涉及国家主权的领域里，欧亚经济联盟内部无利益交叉，是合作的"禁区"。三是主导国俄罗斯的多边合作供应能力有限。在制度建设、政治安全合作中，俄罗斯的合作供应能力优势明显，但在经济合作领域，俄罗斯的合作供应能力捉襟见肘。四是欧亚经济联盟对成员国的战略价值有限。对俄罗斯而言，实际上其获得的战略收益是，基本杜绝其余成员国现政权倒向西方的可能，但离借助欧亚经济联盟确立自身对欧亚地区的绝对支配地位的战略理想仍有较大距离。对其余成员国而言，在欧亚经济联盟框架下，与俄罗斯开展紧密合作是其对外合作的一个重要方向，但仍不放弃与其他域外力量保持和发展良好互动。

鉴此，对中国而言，深入认识欧亚经济联盟运行效能，对下一阶段开展与欧亚经济联盟合作，推动"一带一盟"对接，优化"三北"（东北、北部、西北）周边环境有十分重要的现实意义。国际关系实践充分证明，任何一个区域一体化进程都是综合性的，没有单纯的经济一体化，也没有单纯的政治一体化。区域一体化进程中的经济合作和政治合作往往相辅相成。政治利益可通过经济途径实现，经济利益也可通过政治途径实现，最后呈现在世界面前的是规范和制度的安排，也就是合作主体间政治、经济利益分配的结果。所以，本书将遵循综合分析法，从制度建设、经济合作[①]、政治安全合作角度，分析欧亚经济联盟运行的效能，并提出"一带一盟"对接合作的进取方向。

---

① 由于欧亚经济联盟贸易规模在国际贸易总规模中占比小，对国际贸易影响十分有限，所以在经济合作效能的探讨中，本书将聚焦欧亚经济联盟对本地区经济合作的推动效果。

（一）制度建设：具有"欧亚"特色的区域一体化机制初步形成

制度是规范和习惯。制度建设的核心是构建这种规范和习惯背后的集体行为正当性及合法性。进一步说，制度对人的激励与约束，从而对人的目标和行为施加重大影响。① 国家间合作的产生并不是因为有完全一致的价值观，或相互权力关系有多么复杂，而是合作各方都看到了获益的可能性。② 在无政府状态下，国际关系本身是一个自助体系（a self-help system），规则就是在这样的缺乏最高权威机构的情况下得以萌生和发展。从这个意义上讲，规则安排、制度建设往往在区域一体化进程中起到利益聚合和利益协调的作用，目标是推动合作中共同利益的扩大。

欧亚经济联盟在筹建和运行过程中尤其重视制度建设。欧亚经济联盟制度安排的目的在于，通过一系列机构设置、表决制度设计及法律机制构建，规范成员国间的战略关系及合理安排权力分配，进而提升利益共同性和复杂性。欧亚经济联盟的制度安排参照了欧共体/欧

---

① 张宇燕：《经济发展与制度选择：对制度的经济分析》，中国人民大学出版社2017年版，第11页。
② ［英］安德鲁·赫里尔：《全球秩序与全球治理》，林曦译，中国人民大学出版社2018年版，第33页。

盟，但又进行了一系列的本土化改造。正如钱穆先生所言，制度是一种随时地而适应的，不能推之四海而皆准。[①] 欧共体是一个"特殊"政体，一种远远超出国际组织，但又不符合联邦国家思想的政治体制。[②] 与欧共体/欧盟相比，欧亚经济联盟制度设计中最大的特点是，欧亚经济联盟制度设计不具有超国家属性，而是政府间属性。[③] 具体而言，欧亚经济联盟是成员国协调政策的平台机制，其制度安排对成员国国内制度安排不具有强制力。鉴于欧亚经济联盟内部成员国间经济发展道路和水平以及参与世贸组织条件的差异性，欧亚经济联盟制度设计的要点在于，在推动区域一体化客观需要与区域一体化各种限制性条件间保持平衡。[④] 因此可以

[①] 钱穆：《中国历代政治得失》，生活·读书·新知三联书店2012年版，第4页。

[②] Beate Kohler-Koch, *The Transformation of Governance in European Union*, Routledge, 1999, p. 2.

[③] Risse T., "The Diffusion of Regionalism, Regional Institutions, Regional Governance", Paper presented at the EUSA 2015 Conference, Boston, https://www.eustudies.org/conference/papers/11?_token=pDqnRLkX0Eaw8gqXHDDYJiHY5AQR2IJYDJQ1WD2G&criteria=author&keywords=risse&submit=; Пименова О. И., Правовая интеграция в Европейском союзе и Евразийском экономическом союзе: сравнительный анализ, Вестник международных организаций, 2019, N. 1, C. 76–93.

[④] 因此，欧亚经济委员会执委会前任主席季格兰·萨尔基相指出，成员国过度注重维护主权独立，向欧亚经济委员会权力让渡不足，至少还有30项权限可以让渡到超国家机构。参见2019年6月7日，欧亚经济委员会执委会主席季格兰·萨尔基相在第23届圣彼得堡国际经济论坛上的发言；Вардомский Л. Б., Евразийская интеграция и Большое евразийское партнёрство, *Россия и новые государства Евразии*, 2019, № 3, ст. 10。

判断的是，欧亚经济联盟制度规范的约束力是有限的。正因为如此，规范约束力的有限性给欧亚经济联盟制度运行提供了更大的灵活空间，欧亚经济联盟各成员国的利益自主性能较为充分地体现。具体体现在以下方面：

1. 机构设置

欧亚经济联盟机构设置吸收欧共体经验，并实现本土化改造。在欧亚经济共同体（ЕврАзЭс）时期，其组织机构设置完全参照欧共体。具体而言，欧亚经济共同体国家间委员会相当于欧共体的欧洲理事会，是最高决策机构，负责决定一体化进程的大政方针；一体化委员会相当于欧共体委员会，属于常设机构；欧亚经济共同体议会相当于欧共体议会，是监督与咨询机构；欧亚经济共同体法院相当于欧共体法院，是争议仲裁机构。[①]然而，欧亚经济共同体的组织机构并未真正运作起来，导致组织机制几乎"空转"。鉴此，欧亚经济联盟继续以欧共体为主要参照对象的同时，积极进行了本土化改造。从继承方面看，欧亚经济联盟在组织机构设置上，继续参照欧洲理事会，设立了最高欧亚经济委员会；参照欧共体委员会，设立了欧亚经济委员会；参照欧共体法院，设立了欧亚经济联

---

① 王晨星、李兴：《欧亚经济共同体与欧亚经济联盟比较分析》，《俄罗斯东欧中亚研究》2016年第4期。

盟法院。从本土化方面看，欧亚经济联盟设立了欧亚政府间委员会，该机构成员由成员国总理组成；由于哈萨克斯坦坚决反对欧亚经济联盟框架下一体化进程出现"政治化"倾向，进而可能损害其主权独立，故不继续设立跨国议会机构。① 欧亚经济联盟现行的机构设置具有以下特点：

一是针对性。这点主要体现在欧亚经济委员会执委会上。执委会由9个部、21个专业咨询委员会组成，几乎涉及成员国开展多边经济合作的方方面面。

二是对等性。在欧亚经济委员会执委会下设1个主席职位和9个部长职位，共计10个领导岗位中，一般由4个成员国分别派员担任两个部长职位，轮值主席国派出代表担任主席和1个部长职位。

三是灵活性。随着欧亚经济联盟框架下一体化进程不断深入，根据具体事务需要，在欧亚经济委员会执委会内可增设职能部门或建立相关磋商机制。比如，2019年12月，欧亚经济委员会执委会经济与金融政策部内增设"劳动移民与社会保障司"，专门负责落实欧亚经济联盟内人员自由流动及国际务工人员的社会保障，重点落实2019年12月20日签署的《欧亚经济

---

① 笔者认为，还存在另一个原因，就是在集体安全条约组织框架下已经设立了议会大会。鉴于集体安全条约组织与欧亚经济联盟成员国基本重合，因此没有必要另建一个跨国议会机制，成员国间立法机构合作互动可以在集体安全条约组织议会大会完成。

联盟成员国养老金保障协定》，同时在内部市场、信息化、信息与技术交流部内增设"内部市场运行司"，主要承担优化欧亚经济联盟内部市场环境的职责。为推进数字经济建设，2018年2月，在欧亚经济联盟内部就专门设立了"数字经济办公室"，由执委会主席担任办公室主任，专门协调欧亚经济联盟框架下数字经济基础设施建设，维护成员国数字主权，建立"欧亚数字平台"。目前，该办公室已经收到50个数字经济发展倡议，其中若干倡议正在实施。仅2018—2019年，欧亚经济联盟还先后增设了若干决策辅助机构，即成员国认证部门主管官员理事会、标准化部门主管官员理事会、交通部门主管官员理事会、农业政策理事会及工业政策理事会等。2020年7月，还成立了解决商品转运纠纷委员会。①

2. 决策制度

欧亚经济联盟决策制度破除实力歧视，实现成员国间绝对平等。欧亚经济联盟的决策机制主要有以下特点：一是表决以协商一致方式为主。② 欧亚经济联盟

---

① ЕЭК создает комитет для устранения споров при перемещении товаров в ЕАЭС. Интерфакс. 10 июля 2020 года, https://interfax.by/news/policy/ekonomicheskaya_ politika/1278895/.

② 国际组织的表决方式一般分为全体一致、多数同意、加权表决和协商一致四种类型。

内最高欧亚经济委员会、欧亚政府间委员会、欧亚经济委员会的表决均采取协商一致的方式进行决策，即成员国对决议案进行协调并达成一致，决议即可通过。值得注意的是，欧亚经济委员会执行委员会的表决方式是多数同意和协商一致并行。① 二是决策履行采取非歧视性规则。非歧视性规则对主导国和参与国、强国和弱国的行为具有同等约束力。就相对收益而言，参与国、弱国的相对收益要大于主导国、强国，因此前者更愿意接受规则，借助国际规则可以起到进一步扩大收益和有效保护自身利益不被主导国及强国损害的作用。② 这也是俄罗斯在欧亚经济联盟中实施"去盟主化"，破除实力歧视，借助国际规则拉拢周边国家的做法。但这样的制度安排却拉长了决策流程，降低了决策效率。目前，欧亚经济委员会每项决策流程为一年，如其间专家委员会提出意见，那么此项决议要多花两个月时间重新审定，这大大影响一体化推进的速度。③

---

① Договор о Евразийском экономическом союзе. Статья 18.
② 一般而言，国际组织促使其成员国履行决策的机制有三种：一是从绝对收益的角度讲，国际组织制定对成员国有益无损的决议；二是制定非歧视性的规则，促使弱国主动遵守国际规则；三是制定歧视性决议和规则，促使强国遵守国际规则。参见阎学通、何颖《国际关系分析》，北京大学出版社2017年版，第286—287页。
③ 王晨星、姜磊：《欧亚经济联盟的理论与实践——兼议中国的战略选择》，《当代亚太》2019年第6期。

3. 法律制度

在法律制度建设方面，欧亚经济联盟框架下国际法律体系粗具规模。一般情况下，国际组织内的法律体系多为树状结构，就是指以一个或若干个准则性条约为主干，并以此为基础向各领域拓展，形成一系列枝干类条约或协定，形成树状法律体系结构。欧亚经济联盟法律体系由基础性条约、政府间功能性协定和欧亚经济联盟内各项工作决议构成。欧亚经济联盟框架下基础性条约有两个，即《条约》（2015）和《欧亚经济联盟海关法典》（2018）。欧亚经济联盟成立以来，成员国政府间协定有22个（见表4-1）。从表4-1中可见，成员国政府间大部分协定或协议主要是要解决欧亚经济联盟内部贸易的非关税壁垒问题，优化欧亚经济联盟商品共同市场的制度环境，进而使成员国间贸易福利及相关事权安排更为合理。欧亚经济联盟内另一类具有约束力的文件为最高欧亚经济委员会、欧亚政府间委员会及欧亚经济委员会的决议。此类文件具有以下特点：一是从属关系鲜明。欧亚经济委员会的决议从属于欧亚政府间委员会和最高欧亚经济委员会的决议，欧亚政府间委员会的决议则从属于最高欧亚经济委员会的决议。[①] 二是具有一定约束力。欧亚经济联盟各级机构决议中，必

---

① Договор о Евразийском экономическом союзе, Статья 6.

须要履行的是最高欧亚经济委员会和欧亚政府间委员会的决议,其方式是根据成员国国内法律相关规定进行履行。① 三是决议数量较大。欧亚经济联盟各级机构决议的数量庞大,且涉及欧亚经济联盟运行的方方面面(见表4-2)。

表4-1　欧亚经济联盟框架下政府间协定汇总(截至2020年6月)

序号	协议名称	签署时间
1	《医疗器械流通规则协定》	2014年12月
2	《药品流通规则协定》	2014年12月
3	《金融领域信息交换(包括涉密信息)协定》	2014年12月
4	《臭氧消耗物质及含有臭氧消耗物质的产品转移和成员国间贸易中臭氧消耗物质评估的协定》	2015年2月
5	《天然气、原油及成品油指导性(预测)计划协定》	2016年4月
6	《欧亚经济联盟法院入驻白俄罗斯条件协定》	2016年4月
7	《成员国间军用和民用武器运输协定》	2016年5月
8	《成员国与欧亚经济委员会就工业产品自愿协商特别补助和欧亚经济委员会审查成员国提供特别补助流程协定》	2017年5月
9	《农作物种子流通协定》	2017年11月
10	《集体版权管理协定》	2017年12月
11	《商品标签协定》	2018年2月
12	《与第三国、国际组织和国际一体化机制之间的国际条约协议》	2018年5月
13	《协调金融市场法律协定》	2018年11月
14	《航行协定》	2019年2月

---

① Договор о Евразийском экономическом союзе, Статья 6.

续表

序号	协议名称	签署时间
15	《建立进口商品追溯机制协定》	2019年5月
16	《危险废弃物越境转移协定》	2019年8月
17	《统一与牲畜进行繁殖和繁育工作的措施的协定》	2019年10月
18	《开展贵金属和宝石交易协定》	2019年12月
19	《烟草制品消费税协定》	2019年12月
20	《退休保障协定》	2019年12月
21	《未设定技术标准的产品流通办法及其安全保障规则协定》	2020年2月
22	《商标、服务商标以及原产地名称协定》	2020年2月

资料来源：笔者根据欧亚经济委员会官方网站信息汇总而成，详见 https://docs.eaeunion.org/ru-ru。

表4-2　2016—2019年欧亚经济联盟各级机构工作情况统计

机构	会议（次）	决议（项）	指令（项）	建议（项）
最高欧亚经济委员会	9	79		
欧亚政府间委员会	14	44	63	
欧亚经济委员会理事会	46	449	131	5
欧亚经济委员会执委会	150	784	814	134

资料来源：笔者根据欧亚经济委员会官方网站信息整理而成，详见 https://docs.eaeunion.org/ru-ru。

讨论欧亚经济联盟法律制度时，还有一个无法回避的问题，那就是联盟条约、协定及决议与成员国国内法之间的关系。这里可以与欧盟法做一个比较。欧盟的法律体系由欧共体法（共同市场法）、共同外交与安全政策、司法与内务合作三大支柱组成。从欧亚经济联盟一体化发展水平来看，欧亚经济联盟框架下的法律体系应该对标的是欧盟法律体系的第一支柱，即欧共体法（共同市场法），而非第二支柱和第三支柱。欧共体法中的条例具有"超国家"性质，直接适用于成员国国内法，而第二支柱、第三支柱只停留在政府间层面。根据《欧共体条约》第249条，欧共体协定及条例在所有成员国内直接适用。这意味着，欧共体的协定及条例自动成为成员国国内法的组成部分。① 而欧共体框架下的基本条约和决议不能直接适用，而需成员国立法机关批准和生效之后，方可成为成员国国内法的一部分。相比之下，欧亚经济联盟框架下的基本条约、协定及决议对成员国国内法均不具备直接适用性。此外，还需指出的是，欧亚经济联盟成员国依据各自宪法执行联盟的基本条约、协定、条例及决议的方式不同。比如，俄罗斯和白俄罗斯宪法明确规定，国内法高于国际法。而哈萨克斯坦的情况却比较特殊，其《宪法》第4条指出，被其立法机关批准的国际条约，其法律效力优先于国内法。②

---

① 曾令良：《欧洲联盟法总论——以〈欧洲宪法条约〉为新视角》，武汉大学出版社2007年版，第168—170页。

② Конституция Республики Казахстан, https：//www.akorda.kz/ru/official_ documents/constitution.

（二）经济合作：区域经济一体化效应喜忧参半

推动地区经济合作是欧亚经济联盟框架下区域一体化的重点。欧亚经济联盟运行的目标就是为成员国经济稳定发展创造条件；建立商品、服务、资本和劳动力资源统一市场；实现全面现代化，提升成员国在全球经济中的竞争力。① 为落实上述目标，2018年12月成员国元首共同发表的《关于在欧亚经济联盟框架下进一步推动一体化进程的声明》中明确了成员国经济合作的四大方向，即确保欧亚经济联盟统一市场高效运转，为企业和消费者提供更多机会；构建"创新区"，推动科技进步；挖掘一体化潜力，提高民众福祉；将欧亚经济联盟打造成当今世界发展的中心之一，对与外部伙伴开展互惠平等合作保持开放，并构建新型互动模式。② 经过六年的发展，欧亚经济联盟框架下商品共同市场基本建成，下一阶段欧亚经济联盟将以服贸、投资、能源

---

① Договор о Евразийском экономическом союзе, Статья 4.
② Декларация о дальнейшем развитии интеграционных процессов в рамках Евразийского экономического союза, 6 декабря 2018 года, http://static.kremlin.ru/media/events/files/ru/fr7wTgpTRVZlweOVbjn6GaPih8G1rA1f.pdf.

共同市场建设为重点。① 因此，商品共同市场的运行效果是现阶段评估联盟经济一体化效应的关键。

具体而言，欧亚经济联盟框架下成员国间开展经济合作有以下侧重点：一是对内举措，就是消除各项壁垒，协调成员国经济发展利益，构建统一、全面且高效的内部市场；二是对外举措，就是在充分利用欧洲（欧盟）和东亚（中、日、韩）两大区域经济发展中心带来的资金、市场及技术资源的同时，还需在欧洲和东亚两大经济集团向欧亚中心地带挺进的背景下，努力开拓海外市场，在夹缝中寻求发展机遇。鉴此，评估欧亚经济联盟框架下经济一体化效应可以从域内和对外经济合作两个层面展开。

1. 域内经济合作

第一，欧亚经济联盟内部贸易规模偏小，但呈现出弱增长态势。欧亚经济联盟内部贸易规模有限，离千亿美元大关仍有一段距离。随着欧亚经济联盟框架下商品共同市场基础不断夯实，欧亚经济联盟内部贸易呈现"弱增长"的特点日益鲜明。具体有：一是

---

① 以2019年为例，该年欧亚经济联盟框架下共同药品市场正式启动；共同水泥市场建设迈出重要一步，俄罗斯取消水泥产品的相关技术壁垒，这为欧亚经济联盟框架下构建共同建材市场奠定基础；构建共同金融市场的构想正式通过，共同金融市场建设正式提上欧亚经济联盟工作日程。

内部贸易额总体呈弱增长趋势。自2010年俄白哈关税同盟、2012年统一经济空间以来，区域内部贸易发展经历三个阶段：第一阶段为2010—2012年，为快速增长期。俄白哈三国间贸易从2010年的501亿美元增长至2012年的685.82亿美元；第二阶段为2013—2016年，内部贸易规模持续萎缩，从2013年的641亿美元下降到2016年的430亿美元；第三阶段为2017年至今，为弱增长期。欧亚经济联盟内部贸易止跌回升的拐点出现在2016年第三季度，10—11月，内部贸易额出现止跌迹象，10月同比增长0.3%，11月同比增长4.4%。① 2017年欧亚经济联盟内部贸易出现明显反弹，增长了27.2%，达到547亿美元，随后欧亚经济联盟内部贸易进入缓慢增长阶段。二是内部贸易对欧亚经济联盟GDP总额的贡献率呈弱增长趋势。

第二，欧亚经济联盟内部贸易流向保持"单向化锁定"，但中小成员国间贸易实现突破。鉴于俄罗斯在欧亚经济联盟中经济体量大，内部消费市场相对广袤，以及地理上与其他成员国市场相邻，因此俄罗斯自然是欧亚经济联盟内部贸易流向的主要目的地。应该说，欧亚

---

① Объёмы, темпы и пропорции развития взаимной торговли государств-членов ЕАЭС (2016), http://www.eurasiancommission.org/ru/act/integr_i_makroec/dep_stat/tradestat/tables/intra/Documents/2016/11/I201611_1.pdf#view=fitV.

经济联盟内部贸易流向呈现"单向化锁定"具有一定的合理性。除了吉尔吉斯斯坦对俄和对哈贸易额几乎并重外，其余成员国对俄贸易占其对欧亚经济联盟内部贸易总额的88%—97%。① 尽管俄罗斯是其他成员国在欧亚经济联盟内部贸易中的主要伙伴，然而随着商品共同市场的确立，其余成员国间贸易增长率也实现快速增长。其中涨幅最大的是亚美尼亚，2016—2019年，亚美尼亚参与欧亚经济联盟内部贸易增长率分别是53.7%、41.5%、20.6%、10.5%。除了对俄贸易外，亚美尼亚对白俄罗斯贸易增长势头迅猛，2018年和2019年分别增长了69.4%和49.2%。2019年哈萨克斯坦对亚美尼亚贸易也实现大幅增长，为85.4%。②

第三，欧亚经济联盟内部贸易结构以矿物燃料为主，并在朝多元化发展。2015年矿物燃料占欧亚经济联盟内部贸易的33.4%，2019年下降至25.8%。此消彼长，非能源领域贸易在欧亚经济联盟内部贸易中的比重小幅提高，如机电产品从2015年的16.4%提高至2019年的19.8%；农产品从15.2%提高至15.6%；

---

① Об итогах взаимной торговли товарами Евразийского экономического союза 2016－2019，http：//www. eurasiancommission. org/ru/act/integr_ i_ makroec/dep_ stat/tradestat/analytics/Pages/default. aspx.

② Об итогах взаимной торговли товарами Евразийского экономического союза 2016－2019，http：//www. eurasiancommission. org/ru/act/integr_ i_ makroec/dep_ stat/tradestat/analytics/Pages/default. aspx.

化工产品从 10.5% 提高至 12.1%。①

第四，欧亚经济联盟商品共同市场的制度环境不断优化的同时，内部贸易非关税壁垒却居高不下。从表 4-1 可知，自运行以来欧亚经济联盟为完善商品共同市场，通过一系列法律文件，规范合作路径，切实优化了欧亚经济联盟内部的制度环境。仅以 2019 年为例，欧亚经济联盟框架下共同药品市场正式启动；共同水泥市场建设迈出重要一步，俄罗斯取消水泥产品的相关技术壁垒，这为欧亚经济联盟框架下构建共同建材市场奠定基础；构建共同金融市场的构想正式通过，共同金融市场建设正式提上欧亚经济联盟工作日程。根据 2019 年 10 月世界银行发布的《全球营商环境报告（2020）》，俄罗斯和哈萨克斯坦的营商环境排名连续 3 年稳步上升，俄罗斯从 2017 年的全球第 35 位上升至 2019 年的第 28 位；哈萨克斯坦从 2017 年的第 36 位上升至 2019 年的第 25 位（见表 4-3）。然而需要指出的是，欧亚经济联盟框架下商品共同市场中非关税壁垒问题依旧突出。时任欧亚经济委员会执委会主席季格

---

① Об итогах взаимной торговли товарами Евразийского экономического союза Январь-декабрь 2015 года, http：//www. eurasiancommission. org/ru/act/integr_i_makroec/dep_stat/tradestat/analytics/archive/Documents/Analytics_I_201512. pdf；Об итогах взаимной торговли товарами Евразийского экономического союза, Январь-декабрь 2019 года, http：//www. eurasiancommission. org/ru/act/integr_i_makroec/dep_stat/tradestat/analytics/Documents/2019/Analytics_I_201912. pdf.

兰·萨尔基相指出，消除非关税壁垒是今后欧亚经济联盟框架下商品共同市场建设领域的工作重心，然而在消除旧的非关税壁垒的同时，又有新的非关税壁垒的出现。2017年欧亚经济联盟成员国间贸易非关税壁垒总数为60项，但是新产生的非关税壁垒有71项。① 现任执委会主席米哈伊尔·米亚斯尼科维奇高度重视这个问题并指出，《2025年前欧亚经济一体化发展战略方向》中的重要目标之一就是取消联盟内部各种限制和壁垒。②

表4-3　　　　欧亚经济联盟成员国营商环境全球排名

国家	2017年	2018年	2019年
俄罗斯	35	31	28
哈萨克斯坦	36	28	25
白俄罗斯	38	37	49
亚美尼亚	47	41	47
吉尔吉斯斯坦	77	70	80

资料来源：*Doing Business – 2018*: *Reforming to Creating jobs*, World Bank Group, p. 4; *Doing Business – 2019*: *Training for reform*, World Bank Group, p. 5; *Doing Business – 2020*: *Comparing Business Regulation in 190 Economies*, World Bank Group, p. 4。

---

① 2019年6月7日，时任欧亚经济委员会执委会主席季格兰·萨尔基相在第23届圣彼得堡国际经济论坛上的发言；"Ликвидация барьеров, ограничений и изъятий во взаимной торговле в ЕАЭС", Министерство экономики Республики Беларусь, 2019 год, http://www.economy.gov.by/ru/likv_ izjatij-ru/。

② Мясникович: стратегия развития ЕАЭС до 2025 года предполагает снятие всех барьеров и ограничений, Белта, 27.02.2020, https://www.belta.by/politics/view/mjasnikovich-strategija-razvitija-eaes-do-2025-goda-predpolagaet-snjatie-vseh-barjerov-i-ogranichenij-381238 – 2020/.

第五，欧亚经济联盟对独联体地区投资能力显著提升，但仍面临域外国际金融机构的竞争。欧亚经济联盟框架下的多边投资合作主要依托欧亚开发银行来推进。① 自2013年起，俄白哈统一经济空间就与欧亚开发银行建立了兼容合作关系。② 从表4-4可知，2015—2019年，欧亚开发银行对独联体地区的投资能力显著提升。2015年欧亚开发银行对独联体地区的投资额仅为0.89亿美元，2019年增长到13.81亿美元，2018年还一度超越欧洲复兴开发银行，成为对独联体地区投资力度最大的国际金融机构。截至2020年7月1日，欧亚开发银行在6个成员国内的投资组合为41.76亿美元，包括87个投资项目。值得注意的是，欧亚开发银行主要集中在生产要素投资，其投资优先方向是能源、交通基础设施，分别占总投资额的19.7%和20.5%。③ 然而，欧亚开发银行依旧面临来自欧洲复兴开发银行的

---

① 欧亚开发银行成立于2006年，成员国有俄罗斯、哈萨克斯坦、白俄罗斯、吉尔吉斯斯坦、塔吉克斯坦及亚美尼亚。欧亚开发银行在欧亚经济一体化中的作用不可小觑。首先，欧亚开发银行以俄哈为主导，主要投资交通、能源、通信、高附加值产业等领域。其次，欧亚开发银行承担了大量涉及欧亚经济联盟问题的先期研究工作。欧亚稳定与发展基金的前身是2009年欧亚经济共同体为应对全球金融危机而成立的反危机基金。

② Меморандум о сотрудничестве между Евразийской экономической комиссией и Евразийским банком развития, 12 ноября 2013 года.

③ Проекты ЕАБР, https://eabr.org/projects/eabr/.

竞争，后者仍是独联体地区投资额最大的国际金融机构。2015—2019年，欧洲复兴开发银行对独联体地区投资额共计75.25亿美元，比欧亚开发银行高67.3%。

表4-4　2015—2019年欧亚开发银行与其他主要国际金融机构对独联体地区的投资额　　单位：亿美元

	2015年	2016年	2017年	2018年	2019年
欧亚开发银行	0.89	7.01	6.13	17.15	13.81
欧洲复兴开发银行	20.11	12.28	15.93	6.46	20.47
欧洲投资银行	5.20	1.27	1.43	0.05	2.63
亚洲开发银行	3.50	5.06	—	0.01	5.69
黑海贸易与开发银行	1.87	1.18	1.72	1.22	3.51
亚洲基础设施建设投资银行	—	6.00	—	—	0.47
国际金融公司	—	—	1.20	1.49	1.74
国际经济合作银行	—	—	0.17	0.70	0.59

资料来源：笔者根据欧亚开发银行官网数据整理而成，参见 https：//eabr.org/cooperation/reviews-idb-investment/#。

第六，联盟成员国间政策协调明显加强，但利益分歧依然严重。自成立以来，欧亚经济联盟框架下成员国间先后通过了《建立天然气共同市场构想》（2016）、《建立石油和成品油共同市场构想》（2016）、《2017—2018年成员国宏观经济政策重点方向》（2017）、《2018—2020年成员国交通政策协调主要方向与实施阶段规划》（2017）、《建立石油和成品油共同市场规划》（2018）等文件，成员国围绕区域一体化关键领域的政策协调逐步加强。然而，从《2025年前欧亚经济一体化发展战略方向》文件迟迟难以通过可知，成员国围绕核心利益领域依然存在较大分歧。主要分歧点如下：一是天然气运输税率问题。俄罗斯、哈萨克斯坦、吉尔吉斯斯坦主张确立统一的天然气运输税率，而白俄罗斯、亚美尼亚表示反对；二是欧亚经济委员会权限扩大问题。执委会主席米亚斯尼科维奇主张扩大委员会权限，而哈萨克斯坦明确表示反对。[1] 也就是说，合作并不意味着和谐：国家会担心被利用，在某些条件下还有可能担心相对收益。[2]

2. 对外经济合作

第一，欧亚经济联盟对外贸易呈恢复性增长态势，但增长乏力。从表4-5可知，2012年俄白哈统一经济空间时期，三国对外贸易总额达到峰值，为9393亿美元。2013年起开始下跌，2016年跌至谷底，为5094亿美元。2017年欧亚经济联盟对外贸易开始反弹，并进入缓慢回升阶段。但2019年欧亚经济联盟对外贸易又出现小幅下降。主要原因是俄罗斯的对外贸易额出

---

[1] ЕАЭС сошелся на противоречиях. Коммерсантъ. № 87. 20 мая 2020 года, https://www.kommersant.ru/doc/4349312.

[2] ［德］赫尔戈·哈夫腾多恩、［美］罗伯特·基欧汉、［美］西莱斯特·沃兰德：《不完美的联盟：时空维度的安全制度》，尉洪泄、范秀云、韩志立译，世界知识出版社2015年版，第4页。

现下滑，2019年比2018年下降了3.3%，为6128.5亿美元，其中出口贸易降幅较大，下降了6.4%，进口贸易增长率仅为2.4%。在欧亚经济联盟对外贸易总额中，俄罗斯占比最大，为83.6%。因此，俄罗斯对外贸易额的下降势必会拉低欧亚经济联盟总体对外贸易的增速。对外贸易结构的单一化是欧亚经济联盟贸易增长缓慢的主要羁绊。2015—2019年，与欧亚经济联盟内部贸易相比，欧亚经济联盟对外贸易结构并未出现明显的多元化趋势。在出口结构中，矿物燃料的比重几乎未变，2015年占比为65.6%，2019年为65.8%；在进口结构中，机电产品依旧是欧亚经济联盟最主要的进口商品，其比重从2015年的42.9%小幅提升到2019年的44.4%。① 因此，在国际市场对矿物燃料需求大幅缩小的情况下，欧亚经济联盟对外贸易额势必会出现下降。在新冠疫情的冲击下，全球油气资源需求下降，2020年1—4月欧亚经济联盟对外出口额出现明显下降，同比下降了17.7%；欧亚经济联盟进口额受疫情影响有限，仅下降了5.9%；欧亚经济联

---

① Об итогах внешней торговли товарами Евразийского экономического союза. Январь-декабрь 2015 года，http：//www. eurasiancommission. org/ru/act/integr＿i＿makroec/dep＿stat/tradestat/analytics/archive/Documents/Analytics＿E＿201512. pdf；Об итогах внешней торговли товарами Евразийского экономического союза，Январь-декабрь 2019 года，http：//www. eurasiancommission. org/ru/act/integr＿i＿makroec/dep＿stat/tradestat/analytics/Documents/2019/Analytics＿E＿201912. pdf.

盟对外贸易总额最终下降了 13.6%。①

表 4-5　2011—2019 年欧亚经济联盟（含关税同盟、统一经济空间时期）对外商品贸易总额及增长率一览

年份	对外贸易总额（亿美元）	对外贸易总额增长率（%）	联盟 GDP 总额（亿美元）	占联盟 GDP 总额的比重（%）
2011	9130	33.0	23003.80	39.69
2012	9393	3.2	24816.80	37.85
2013	9310	-0.4	26041.63	35.75
2014	8685	-6.9	25651.20	33.86
2015	5795	-33.6	16210.68	35.75
2016	5094	-12.1	14793.60	34.43
2017	6343	24.5	18147.40	34.95
2018	7534	18.8	19300.99	39.03
2019	7331	-2.7	19653.65	37.30

资料来源：笔者根据世界银行和欧亚经济委员会统计数据汇总测算而成。

第二，欧亚经济联盟对外经济合作空间不断扩大，然而与欧盟发展合作关系并未实质性突破。截至 2020 年 5 月底，欧亚经济联盟已经与 4 个国家签订自贸协定，与 14 个国家政府、38 个国际组织签署了合作备忘录，② 并

---

① О внешней торговле товарами Евразийского экономического союза，Январь-апрель 2020 года，http：//www. eurasiancommission. org/ru/act/integr_ i_ makroec/dep_ stat/tradestat/analytics/Documents/2020/Analytics_ E_ 202004. pdf.

② Шесть лет Договору о ЕАЭС，http：//www. eurasiancommission. org/ru/nae/news/Pages/29-05-2020-1. aspx.

建立了一个境外工业园区。① 总体看，运行五年多以来欧亚经济联盟对外经济合作呈现以下特点。

一是欧亚经济联盟对外经济合作对象多为"亲俄""友俄"国家，与欧亚经济联盟的合作关系往往是其与俄关系的延续和发展。比如，2015年欧亚经济联盟与越南（俄越全面战略伙伴关系）签署自贸协定；② 2018年欧亚经济联盟与中国（新时代中俄全面战略协作伙伴关系）③ 签署经贸合作协定；④ 2019年欧亚

---

① 2019年10月，"埃及—俄罗斯工业园"正式获批。该工业园也将对欧亚经济联盟其他成员国开放。这是欧亚经济联盟在海外地区建立的第一个工业园。

② Соглашение о свободной торговле между государствами-членами ЕАЭС и Социалистической Республикой Вьетнам，http：//www.eurasiancommission.org/ru/act/trade/dotp/sogl_torg/Documents/EAEU-VN_FTA.pdf；Совместное заявление об укреплении отношений всеобъемлющего стратегического партнерства между Российской Федерацией и Социалистической Республикой Вьетнам，27 июля 2012 года，http：//www.kremlin.ru/supplement/1279.

③ 中俄1996年建立战略协作伙伴关系，2001年签署《中俄睦邻友好合作条约》，2011年建立平等信任、相互支持、共同繁荣、世代友好的全面战略协作伙伴关系，2019年提升为中俄新时代全面战略协作伙伴关系。参见中国外交部网站（https：//www.fmprc.gov.cn/web/gjhdq_676201/gj_676203/oz_678770/1206_679110/sbgx_679114/）。

④ 《欧亚经济联盟与中华人民共和国经贸合作协定》，http：//www.eurasiancommission.org/ru/act/trade/dotp/sogl_torg/Documents/%d0%a1%d0%be%d0%b3%d0%bb%d0%b0%d1%88%d0%b5%d0%bd%d0%b8%d0%b5%20%d1%81%20%d0%9a%d0%b8%d1%82%d0%b0%d0%b5%d0%bc%2c%20%d0%b5%d0%b3%d0%be%20%d1%81%d1%82%20%d0%ba%d0%b8%d1%82%d0%b0%d0%b9%d1%81%d0%ba%d0%b8%d0%b9%20 28EAEU%20alternate%29%20final.pdf。

经济联盟与塞尔维亚（俄塞战略伙伴关系）签署自贸协定。① 此外，2019年欧亚经济联盟与俄罗斯在中东地区的战略支点——伊朗签订自贸临时协定，还与俄罗斯在东盟地区的重要合作伙伴——新加坡签订自贸协定。

二是欧亚经济联盟对外经贸协定呈现多样化。目前，欧亚经济联盟对外经贸协定类型主要有：（1）框架性经贸协定。如2018年10月欧亚经济联盟与中国签订的经贸合作协定。欧亚经济委员会执行委员会一体化与宏观经济部部长格拉济耶夫指出，该协定是欧亚经济联盟与中国开展经贸合作的框架性协定，其意义在于为双方开展合作对话、协调对接立场及解决具体纠纷提供了平台和机制。② （2）自贸协定。如上文所述，迄今为止欧亚经济联盟已与4个国家签署自贸协定，但各自贸协定的广度和深度均不同（见表4-6）。

---

① Соглашение о свободной торговле между Евразийским экономическим союзом и его государствами-членами, с одной стороны, и Республикой Сербией, с другой стороны, http://www.eurasiancommission.org/ru/act/trade/dotp/sogl_torg/Documents/%d0%a1%d0%b5%d1%80%d0%b1%d0%b8%d1%8f/Agreement.pdf; Декларация о стратегическом партнёрстве между Российской Федерацией и Республикой Сербией, 24 мая 2013 года, http://www.kremlin.ru/supplement/1461.

② 2019年12月3日，格拉济耶夫在中国社会科学院俄罗斯东欧中亚研究所调研团与欧亚经济委员会执行委员会座谈会上的发言。

表 4-6　欧亚经济联盟对外自贸协定内容特点与评价

签订时间	协定名称	内容特点与评价
2015年5月29日	与越南自贸协定	该协定是欧亚经济联盟成立以来第一个自贸协定，战略意义重大。根据协定要求，在10年内欧亚经济联盟与越南贸易将取消接近90%的商品关税。需要指出的是，越南大幅降低从欧亚经济联盟进口的关税意义不大。欧亚经济联盟希望向越南扩大出口的商品并不多，仅占双方自贸协定规定的商品名单的12%，其中包括机械产品、成品油、乳制品等。对欧亚经济联盟来说，汽车是向越南市场主推的优势产品之一。此外，协定内关于服务贸易、投资合作及人员流动的条款暂时仅在俄越双边层面执行①
2018年5月17日	与伊朗自贸区临时协定	协定将执行3年，执行一年后双方启动正式的自贸区谈判。现阶段，该协定具有一定局限性，其原因是双方贸易自由度较低，双方贸易中只有50%的商品享受不同程度的降税。② 随着美伊关系日趋复杂化，美国对伊朗单方面制裁层层加码的背景下，欧亚经济联盟与伊朗进一步推动自贸协定存在一定变数
2019年10月1日	与新加坡自贸协定	协定内容相对综合，不仅涉及商品贸易，还涉及服务贸易、投资。欧亚经济联盟与新加坡的自贸协定由7份文件组成，涉及商品贸易的自贸协定由欧亚经济联盟与新加坡签署，涉及其他领域的自贸协定由联盟成员国与新加坡分别在双边层面签署。时任执委会主席萨尔基相认为，欧亚经济联盟与新加坡的自贸协定可以形成"新加坡经验"，用于与以色列的自贸谈判中，与以色列签署类似较为综合的自贸协定③

---

①　Зона свободной торговли ЕАЭС и Вьетнама: возможности, риски и планы, https://ria.ru/20150529/1067199933.html.

②　Зоны свободной торговли с ЕАЭС, https://russiancouncil.ru/analytics-and-comments/analytics/zony-svobodnoy-torgovli-s-eaes/.

③　ЕАЭС и Сингапур подписали соглашение о создании зоны свободной торговли, https://ria.ru/20191001/1559323223.html.

续表

签订时间	协定名称	内容特点与评价
2019年10月25日	与塞尔维亚自贸协定	这是欧亚经济联盟与欧洲国家签署的首个自贸协定。实际上，俄罗斯与塞尔维亚在双边层面已有自贸协定。早在2000年，俄罗斯就与南联盟签署自贸协定，2003年南联盟解体后，塞尔维亚继承了该自贸协定。当前的欧亚经济联盟与塞尔维亚的自贸协定就是在俄塞自贸协定基础上继承而来。2015年，终止与俄罗斯的自贸协定，是欧盟给塞尔维亚提出的入盟条件之一。为避免塞尔维亚倒向欧盟，俄罗斯主导欧亚经济联盟与其签署自贸协定势在必行

三是欧亚经济联盟高度重视与欧盟关系。双方虽有接触，但尚未实现全面突破。① 不管从地理、历史及文化等"宿命论"角度来看，还是从与欧盟的空间经济联系等现实角度来看，欧亚经济联盟把欧盟视作对外合作的优先伙伴都是合理的。② 正如欧亚经济委员会执委会贸易部部长斯列普涅夫所言，尽管与欧盟尚未开启自贸谈判，但是与欧盟建立自贸区始终在欧亚经济联盟的对外合作议程内，始终具有现实意义。而谈及与中国建立自贸区时，斯列普涅夫却指出，在中短

---

① 关于欧亚经济联盟与欧盟关系可参见王晨星《矛盾与彷徨：欧盟对欧亚经济联盟的认知与对策分析》，《俄罗斯学刊》2017年第2期。
② 2020年5月26日，笔者对欧亚开发银行欧亚稳定与发展基金首席经济学家维诺库罗夫（Е. Ю. Винокуров）的访谈。

期内不考虑与中国建立自贸区。① 乌克兰危机爆发以来，俄欧原有对话机制失效。为重启对欧关系，俄罗斯主张以建立"欧亚经济联盟—欧盟"对话机制，替代原有的"俄罗斯—欧盟"对话机制。而欧盟对此回应冷淡。在政策偏好上，欧盟选择与联盟成员国进行双边合作，②回避与欧亚经济联盟整体进行对话，开启两大区域一体化机制间的全面合作尚遥遥无期。目前，欧亚经济联盟与欧盟只在双方无法回避的技术调节领域进行工作交流。2019年11月，欧盟委员会代表访问欧亚经济联盟，并围绕双方在技术调节领域开展合作进行了商议。双方决定将建立相关会晤机制，专门协调双方贸易中的技术调节及产品标准问题。

（三）政治安全合作：有限一体化下实现了区域政治安全的有效合作

自成立以来，欧亚经济联盟框架下区域一体化的经济效应发挥有限，然而成员国间政治、安全合作却稳步

---

① Зона свободной торговли ЕАЭС и Вьетнама: возможности, риски и планы, https://ria.ru/20150529/1067199933.html.

② 在乌克兰危机爆发和欧亚一体化快速推进的背景下，欧盟先后于2015年与哈萨克斯坦签订扩大伙伴关系与合作协议，2017年与亚美尼亚签署扩大全面伙伴关系协定，同年启动与吉尔吉斯斯坦就更新全面伙伴关系协议进行谈判，2020年与白俄罗斯签订签字简化协定。

推进。尽管政治、安全合作并非欧亚经济联盟框架下区域一体化合作的范畴，但欧亚经济联盟的运行客观上促进了成员国间，尤其是俄罗斯与其他成员国政治、安全合作的提质升级。换言之，在经济收益不佳的情况下，区域内政治、安全合作也能实现。[①] 需要指出的是，欧亚经济联盟推动下的成员国间政治、安全合作与欧盟的政治、安全一体化的目标不同。[②] 前者是有限的政治、安全合作，即不以让渡国家政治主权为前提，也因为如此，哈萨克斯坦坚决反对在欧亚经济联盟框架下建立超国家议会机制；[③] 后者的目标是实现区域一体化的最高水平，即实施共同的外交、防务政策。[④] 总体看，欧亚经济联盟运行以来，实现了有限一体化框架下的

[①] 郎平：《发展中国家区域经济一体化框架下的政治合作》，《世界经济与政治》2012年第8期。

[②] 安德鲁·赫里尔（Andrew Hurrell）提出，"欧洲模式代表了一个可以适用于其他地区的可行模式"，这种说法值得怀疑，更勿论将其应用到全世界。约瑟夫·奈（Joseph Nye）也指出，欠发达国家的地区一体化进程看上去与欧洲很相似，但在因果机制上很可能是完全不同的类型。参见［英］安德鲁·赫里尔《全球秩序与全球治理》，林曦译，中国人民大学出版社2018年版，第2页；Joseph S. Nye, "Comparative Regional Integration: Concepts and Measurement", *International Organization*, No.4, 1968, p.880。

[③] 关于哈萨克斯坦对欧亚经济联盟立场的表现和原因可参见周明《哈萨克斯坦对欧亚经济联盟的参与及限度——结构制约与精英偏好的影响》，《俄罗斯研究》2020年第3期；王晨星：《欧亚经济联盟：成因、现状及前景》，社会科学文献出版社2018年版，第40—45页。

[④] The Treaty on European Union, 7 February 1992, https://europa.eu/european-union/sites/europaeu/files/docs/body/treaty_on_european_union_en.pdf.

政治、安全的有效合作。与经济合作供应能力有限相比，主导国俄罗斯的政治、安全合作供应能力相对较强。① 具体如下：

第一，主导国俄罗斯与其他成员国外交关系实现提质升级。俄罗斯借助欧亚经济联盟建设，与其他成员国的双边同盟关系得到进一步强化（见表4－7）。尽管2019年以来，俄白两国就石油质量和天然气价格问题产生纠纷，但这并未动摇两国关系的基础。2020年6月两国签订签证互认协定，意味着双边一体化依旧在逐步深化。俄哈关系保持高水平运转，俄哈两国都把对方定为本国元首和政府首脑履新后的首访国。2018年亚美尼亚反对派领袖帕希尼扬上台以来，并未改变亚对俄政策方针及对欧亚经济联盟的立场。2020年4月俄罗斯总统普京签署了关于简化对亚出口成品油的

---

① 对俄罗斯而言，国家安全和地缘政治影响力在对外政策中长期占据优先位置，经济利益和地缘经济影响力则屈居次要地位。辽阔的地域、帝国使命、专制传统、间歇性动荡、追求大国地位等因素，始终是俄罗斯与外部世界打交道的基石。因此俄罗斯并不是一个善于发展经济的国家，在当前欧亚一体化中难以向其他成员国提供先进的管理理念、工业技术及雄厚的金融资本。因此，在经济牵引力不占优势的情况下，俄罗斯的主导力和优势力主要集中在政治和安全领域。相关观点参见 Шмелев Н., В поисках здравого смысла: двадцать лет российских экономических реформ, Москва: Весь Мир, 2006, ст. 409；［美］罗伯特·A. 帕斯特：《世纪之旅：七大国百年风云》，胡利平等译，上海人民出版社2001年版，第172页；李中海：《俄罗斯经济的非优性：地理角度的阐释和分析》，《俄罗斯研究》2018年第4期；王晨星、姜磊：《欧亚经济联盟的理论与实践——兼议中国的战略选择》，《当代亚太》2019年第6期。

表4-7　俄罗斯与欧亚经济联盟成员国双边政治同盟文件一览①

对象国	文件名称	签署时间
白俄罗斯	《联盟国家成立条约》	1999年
哈萨克斯坦	《友好合作互助条约》	1992年
	《21世纪睦邻与同盟条约》	2013年
吉尔吉斯斯坦	《友好合作互助条约》	1992年
	《永久友好同盟与伙伴关系宣言》	2000年
	《巩固同盟与战略伙伴关系宣言》	2017年
亚美尼亚	《友好合作互助条约》	1997年

议定书，俄对亚能源扶持力度加强。2019年3月，俄总统普京赴吉尔吉斯斯坦进行国事访问，并签订了16个双边合作协定，双边关系基础得到进一步巩固。

---

① 俄罗斯与欧亚经济联盟其他成员国的双边同盟关系分为两类：第一，欧亚经济联盟国家。迄今为止，与俄罗斯建立欧亚经济联盟国家的只有白俄罗斯一国。1995年1月26日，俄白签署《关税同盟条约》后，两国一体化进程迅速发展，在短短5年内实现三连跳，即1996年签署《建立俄白共同体条约》，1997年签署《俄白联盟条约》，1999年签署《俄白建立联盟国家条约》。第二，军事互助和同盟关系。目前与俄罗斯缔结友好互助关系的国家有：哈萨克斯坦（1992）、亚美尼亚（1997）、塔吉克斯坦（1993）、吉尔吉斯斯坦（1992）、阿布哈兹（2008）、南奥塞梯（2008）。与俄确立同盟关系的国家有：哈萨克斯坦（2013）、乌兹别克斯坦（2005）、阿布哈兹（2014）、南奥塞梯（2015）。从法律文件的内容上看，俄罗斯军事同盟关系有以下两点：一是缔约双方相互协防，指的是缔约一方受到第三方攻击，另一方有义务协防。指的是俄罗斯与哈萨克斯坦、乌兹别克斯坦、吉尔吉斯斯坦、塔吉克斯坦、亚美尼亚同盟关系。二是缔约一方为另一方提供防务保障，指的是俄罗斯与阿布哈兹、南奥塞梯军事同盟。此外，以上两类俄罗斯双边同盟关系中均明确了军事互助的具体方式和内容，相关条约专门就军事技术合作、军事基地使用、国防力量建设、防务与对外政策协调配合做出明确的约束性规定。需要指出的是，阿布哈兹、南奥塞梯均未获得国际承认。

第二，主导国俄罗斯是维护欧亚经济联盟其他成员国现政权安全的有益力量。① 重点体现在两个方面：一是与其他成员国联防西方势力颠覆现政权。近年来，联盟成员国先后进入国内政治调整期，如2017年吉尔吉斯斯坦总统选举，2018年亚美尼亚总统选举，2019年哈萨克斯坦最高权力交接，2020年分别是俄罗斯修宪、吉尔吉斯斯坦议会选举及白俄罗斯总统选举。在每个联盟成员国国内政治调整期，都能看到美西方支持反对派，干涉成员国内政，幕后组织"街头政治"，试图制造混乱，进而乘乱打劫，建立亲西方政权。② 二是俄罗斯基本具备影响其他成员国国内政治进程的能力。对其他成员国政治精英而言，"能处理好与莫斯科的关系"或"被莫斯科认可"是其在国内的重要政治资本，以及晋升考量因素之一。

第三，欧亚地区综合安全体系基本形成。欧亚经济联盟与集体安全条约组织构成俄罗斯主导的欧亚地区综合安全体系的基本支架（见表4-8）。历史地看，2007年，集安（集体安全条约）组织就开始与欧亚经济共同

---

① 王晨星、姜磊：《欧亚经济联盟的理论与实践——兼议中国的战略选择》，《当代亚太》2019年第6期。

② В Белоруссии запахло майданом, *Коммерсантъ FM*. 02 июня 2020 года, https：//www.kommersant.ru/doc/4365006; Государственные СМИ США раскачивают оппозиционные настроения в Казахстане. *ИА REGNUM*. 28 февраля 2019 года, https：//regnum.ru/news/polit/2582642.html.

体在交通、能源等经济合作领域进行对接。2010 年俄白哈关税同盟成立，2015 年欧亚经济联盟成立，取代欧亚经济共同体。集安组织与欧亚经济联盟的对接实际上是与欧亚经济共同体对接的延续与发展。[1] 欧亚经济联盟为集安组织夯实成员国间经济联系，消除经贸壁垒，带动地区经济发展，靠地区经济发展来优化区域安全环境。也就是说，欧亚经济联盟填补了集安组织的经济缺失。与此同时，集安组织又能为欧亚经济联盟提供安全保障。除了应对传统及非传统安全威胁，为发展提供良好的外部环境，集安组织还通过深化成员国多边政治—军事同盟关系，为欧亚经济联盟夯实高级政治基础。进一步说，欧亚经济联盟和集安组织两者并不是互为独立、各行其是，而是一种相辅相成、相互借重的关系，[2] 构成

---

[1] Бордюжа Н. Н. ОДКБ-эффективный инструмент противодействия современным вызовам и угрозам, Международная жизнь, 2007, № 1-2. Ст. 43-49.

[2] 其中一个典型例子就是，2017 年 4 月摩尔多瓦正式成为欧亚经济联盟观察员国，这意味着欧亚经济联盟观察员国制度正式确立。其中对观察员国最关键的要求是：观察员国必须避免一切可能损害欧亚经济联盟及其成员国利益的行为。观察员国作为欧亚经济联盟"准成员国"的地位得以确立。在俄罗斯的直接推动下，2018 年 5 月摩尔多瓦以观察员国身份第一次参加最高欧亚经济委员会元首会晤。2020 年 5 月起，摩尔多瓦正式派出特别代表常驻欧亚经济联盟。2020 年 4 月，乌兹别克斯坦正式提出希望成为欧亚经济联盟观察员国。集安组织几乎与欧亚经济联盟同步，并于 2018 年 11 月通过了《集体安全条约组织伙伴关系和观察员国条例》，标志着集安组织观察员国机制也正式确立。从这点也可看出，欧亚经济联盟与集安组织发展联动性较强。

俄罗斯周边外交的两大战略支撑。

表4-8 俄罗斯在欧亚经济联盟、集安组织境内军事基地或军事设施一览

国别	基地/设施名称
白俄罗斯	俄航天部队"伏尔加"型雷达站；俄海军第43号雷达站
亚美尼亚	俄军第102基地
哈萨克斯坦	拜科努尔发射场（俄国防部第5试验场）；卡布斯金—雅尔发射场（俄国防部第4试验场）；第20训练站；ИП-8监测站；ИП-16监测站；萨雷沙甘试验场（俄国防部第10试验场）；第5580试验保障基地（原俄国防部第11试验场——恩巴试验场）；巴尔喀什-9雷达站（俄航天部队第3军雷达站）；科斯塔奈运输机基地
吉尔吉斯斯坦	俄联邦联合军事基地，包括坎特空军基地、卡拉科尔训练基地、俄海军第338远程通信站、迈利苏地震监测站（监测核武器试验）
塔吉克斯坦	俄军第201基地（俄在境外最大的军事基地）

资料来源：笔者根据公开信息汇总而成。

第四，成员国应对共同挑战的协作能力进一步加强，俄罗斯对地区公共安全供给能力得到彰显。与2014年以来美西方对俄采取经济制裁、2020年3月国际油价暴跌等外部挑战对欧亚经济联盟个别成员国或部分成员国造成一定冲击，进而外溢到对欧亚经济联盟整体产生消极影响不同，2020年3月以来的新冠疫情是联盟成员国首次集体面对的共同挑战。总体看，欧亚经济联盟在推动区域内抗疫合作中起到了积极作用，短期内欧亚经济联盟的抗疫合作凝聚力、抗疫政策

联动性明显提高。具体体现在以下方面（见表4-9）：一是联盟成员国利用关税调节手段，及时降低或取消医疗抗疫物资进口关税，并禁止该类物资出口，以解决成员国抗疫物资短缺问题，如3月16日欧亚经济委员会执委会颁布免除抗疫医疗用品进口关税的决议，24日颁布临时禁止医疗防护用品出口的决议；二是建立临时性抗疫合作协调机制，如3月19日建立疫情监控快速反应临时协调委员会，25日发布要求成员国加强抗疫政策协调的指令；三是俄罗斯与其他成员国围绕抗疫合作保持高频互动；[①] 四是俄罗斯向其他成员国提供抗疫援助。由此可见，除了政治安全、军事安全及地区安全外，俄罗斯还能为其他成员国提供公共安全支持。

表4-9　　2020年3—5月以来欧亚经济联盟应对新冠疫情挑战的主要举措一览

日期	举措内容
3月16日	颁布免除抗疫医疗用品进口关税的决议
3月19日	建立疫情监控及及时应对临时协调委员会
3月24日	颁布临时禁止医疗防护用品出口的决议
3月25日	发布要求成员国加强抗疫政策协调的指令

---

① 笔者根据俄总统官网和俄政府官网公开信息统计得出，2020年2—4月新冠疫情期间，在国家元首和政府首脑层面，俄白国家领导人会见1次，通话6次；俄哈国家领导人会见1次，通话4次；俄吉国家领导人会见1次，通话2次；俄亚国家领导人通话2次。

续表

日期	举措内容
4月10日	召开政府间理事会会议，颁布关于保持经济稳定措施的指令
4月14日	最高欧亚经济委员会召开会议，成员国元首发布联合抗疫声明
5月10日	放宽3月24日定的出口限制，允许医用织物和消毒剂出口

资料来源：笔者根据欧亚经济委员会官网（http://www.eurasiancommission.org/）整理而成。

五 中国与欧亚经济联盟的合作：前景与方向

"一带一路"倡议和欧亚经济联盟都是在贸易保护主义抬头和全球化深入发展受阻的新形势下，发展中经济体加强区域合作以应对国际竞争的重要举措。"一带一路"倡议和欧亚经济联盟有较多的契合点。首先，欧亚经济联盟成员国都是"一带一路"沿线国家，且地处欧亚大陆之交，正值中国"一带一路"倡议实施的关键区域，对中国"一带一路"倡议的实施意义重大。其次，欧亚经济联盟致力于建立统一经济空间，包括统一的交通运输空间，统一的药品市场、电力市场、石油和天然气市场，最终实现商品、服务、资金和劳动力的自由流动，这与"一带一路"倡议设想的设施联通、贸易畅通、资金融通等高度契合。此外，欧亚经济联盟对外实行统一的经济贸易政策，以欧亚经济联盟整体身份开展对外经贸合作，因此"一带一路"建设的重点和难点任务之一，就是与欧亚经济联盟进行对接合作。而在"一带一路"框架下与中国开展经贸合作，也是欧亚经济联盟发掘自身发展潜力、增强世界影响力的重要内容。本部分的目的在于分析双方的经济结构特点和贸易特点，衡量中国与欧亚经济联盟贸易自由化和便利化水平，在此基础上，评估双方贸易潜力，为双方进一步深化合作，实现深度经济贸易一体化提供决策支撑。

（一）中国与欧亚经济联盟经济结构特点比较

1. 产业结构特点比较

（1）联盟成员国工业和制造业占比低且制造业以中低端制造业为主，与中国的产业结构具有典型的互补性特征

20世纪80年代末90年代初东欧剧变和苏联解体，大大冲击了经互会体系内的生产链条和贸易链条，苏联加盟共和国四十多年轰轰烈烈的工业化进程由此中断，工业化成果遭受极大破坏。而此后这些国家开启的新自由主义改革，又进一步加速了"去工业化"进程。因此，自20世纪90年代初苏联解体开始，欧亚经济联盟成员国的产业结构发生了剧烈调整，工业在国民经济中的地位急剧下滑，表现为工业增加值在国民经济总产值中占比急速下跌，以及工业部门就业占比相应下滑（尤以俄罗斯和吉尔吉斯斯坦显著，工业就业原本占比较小

的哈萨克斯坦和亚美尼亚变化不大,白俄罗斯工业部门就业比较稳定,呈缓慢下降趋势)。20世纪90年代后半期,哈萨克斯坦和吉尔吉斯斯坦两国工业增加值占比开始大幅回升,但自21世纪初开始又呈现下滑趋势,白俄罗斯自1994年开始工业增加值占比保持较为稳定的趋势,俄罗斯则于2003年开始工业增加值占比有所回升。相对而言,20世纪90年代以来,中国工业增加值占比总体稳定在较高的水平上,自2013年开始呈现较为明显的下滑趋势。而中国工业部门就业占比则整体呈现较为平缓的上升趋势。截至2018年,在中国和欧亚经济联盟五国之间,中国的工业增加值占比显著高于联盟成员国,为40.65%(见图5-1);联盟成员国中工业增加值占比最高的国家是哈萨克斯坦,为33.5%,其次为俄罗斯和白俄罗斯,分别为32.0%和31.5%,吉尔吉斯斯坦和亚美尼亚分别为27.5%和25.0%,工业在国民经济中的比重较低。而工业部门就业占比最高的是白俄罗斯,2019年为30.7%,高于中国(28.3%);其次是俄罗斯,工业部门就业占比为26.9%;吉尔吉斯斯坦和哈萨克斯坦分别为22.2%和21.4%;亚美尼亚仅占15.7%(见图5-2)。

而在1991年,俄罗斯、白俄罗斯的工业增加值占比均高于中国。有关工业化和现代化的研究显示,一国工业化的发展大体呈现两个阶段:第一阶段,一国

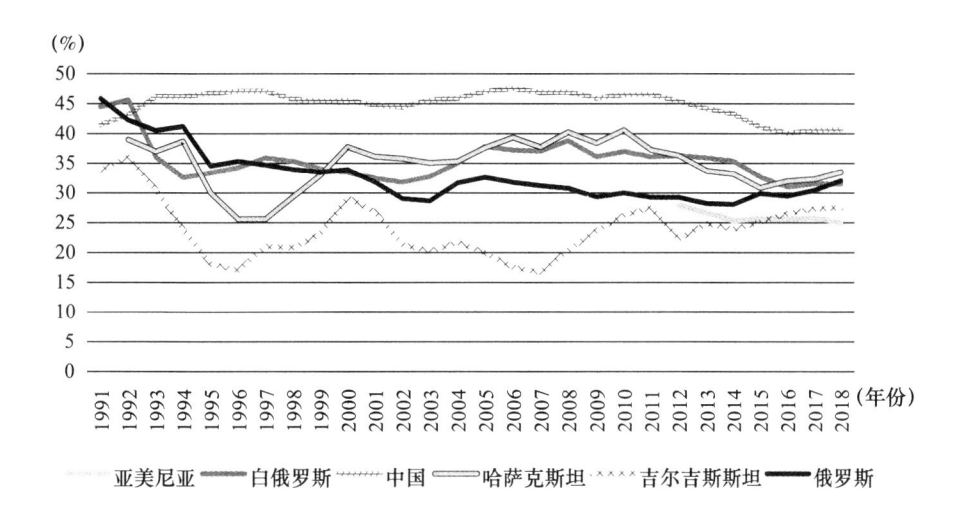

图5-1 1991—2018年欧亚经济联盟成员国和中国工业增加值占GDP的比重

资料来源：世界银行WDI数据库。

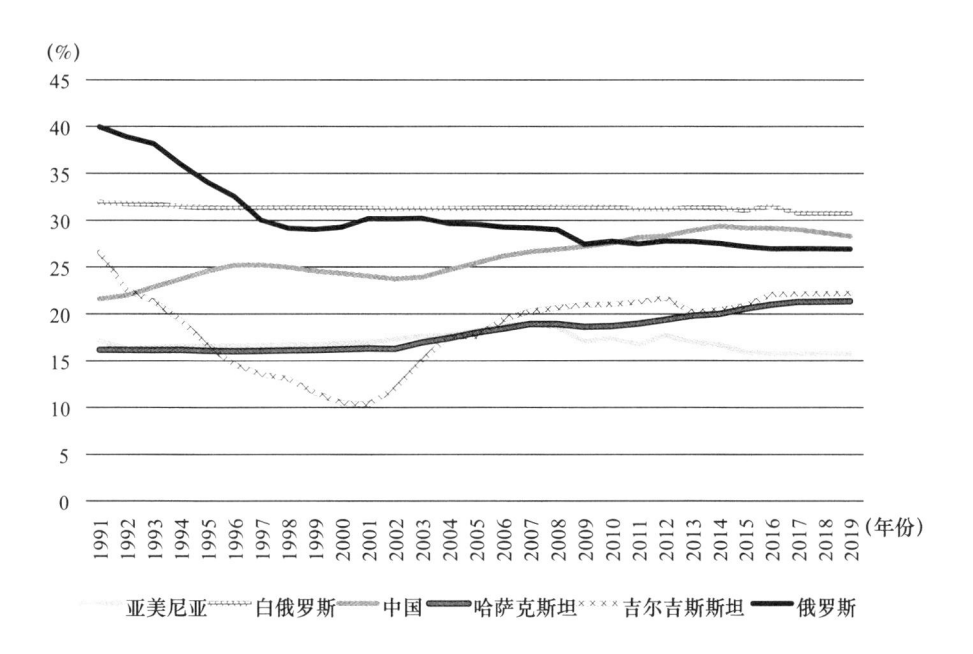

图5-2 1991—2019年欧亚经济联盟成员国和中国工业部门就业的比重

资料来源：世界银行WDI数据库。

开始由农业社会步入工业社会，农业占比下降，工业占比不断提升；第二阶段，当一国工业发展到相当水平之后，农业仅占国民经济很小的份额，而工业占比开始下降，服务业占比不断提高。因此，随着工业化的发展，一国工业占比大体呈现先增加后下降的趋势。中国目前正处于第二阶段，工业增加值比重经历了多年增加之后开始下滑，而欧亚经济联盟国家工业占比20世纪90年代初以来的急剧的下滑显然不是工业化向前发展到第二阶段的成果，而是苏联解体之后各成员国经济结构转型导致的"去工业化"的结果。

20世纪90年代的去工业化主要源于制造业的大幅下滑，截至2018年，联盟成员国中制造业占比最高的国家是白俄罗斯，制造业增加值占GDP的比重为21.5%，其次为吉尔吉斯斯坦（15.2%）、俄罗斯（12.3%）、哈萨克斯坦（11.4%）和亚美尼亚（11.3%）（见图5-3）。除白俄罗斯之外，其他几个欧亚经济联盟成员国不仅经历了制造业规模的急剧下滑，制造业结构也出现了显著的倒退。白俄罗斯的制造业水平是欧亚经济联盟成员国中最高的，自20世纪90年代初以来中高端制造业占比始终保持在40%左右，其他几个欧亚经济联盟国家中高端制造业占制造业的比重都在90年代末经历了大幅下滑。2007年之后，哈萨克斯坦和俄罗斯的这一比重开始持续攀升，

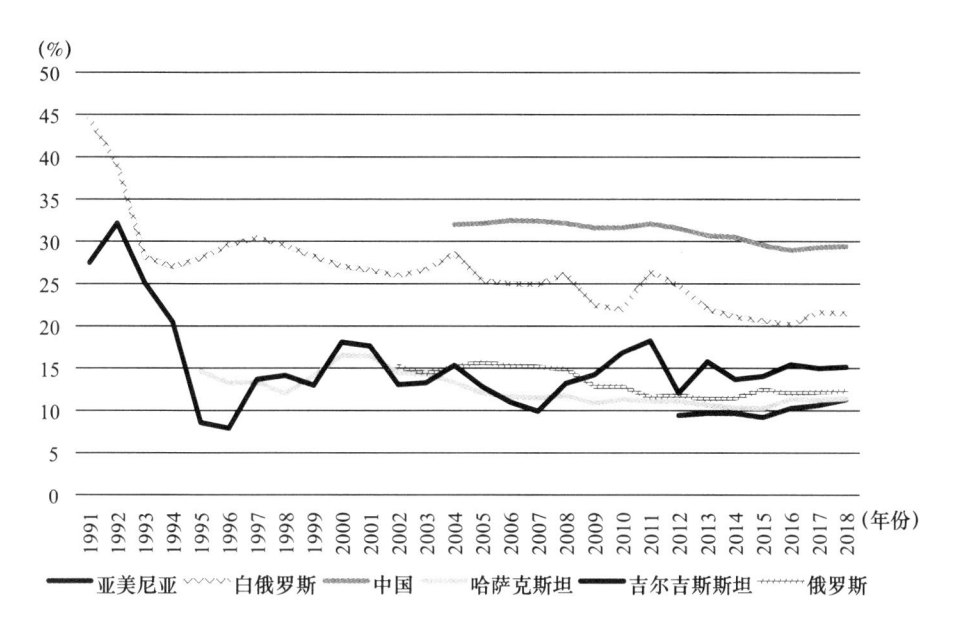

图 5-3　1991—2018 年欧亚经济联盟成员国和中国制造业增加值的比重
资料来源：世界银行 WDI 数据库。

吉尔吉斯斯坦进一步下降，亚美尼亚则稳定在很低的水平。截至 2017 年，白俄罗斯中高端制造业占比为 38.8%，俄罗斯为 30%、哈萨克斯坦为 13.3%，亚美尼亚和吉尔吉斯斯坦这一比重仅低至 4.6% 和 2.7%。与欧亚经济联盟国家相比，近几年中国制造业增加值占比虽有小幅下滑，但总体仍显著高于欧亚经济联盟各国，2018 年中国制造业增加值占比为 29.4%，制造业结构则优于所有欧亚经济联盟国家，2017 年中国制造业中 41.5% 为中高端制造业（见图 5-4）。

20 世纪 90 年代以来，欧亚经济联盟成员国农业增加值占比呈现长期下降趋势，但各国之间的具体水平相差较大。具体而言，俄罗斯早在苏联解体之初农业

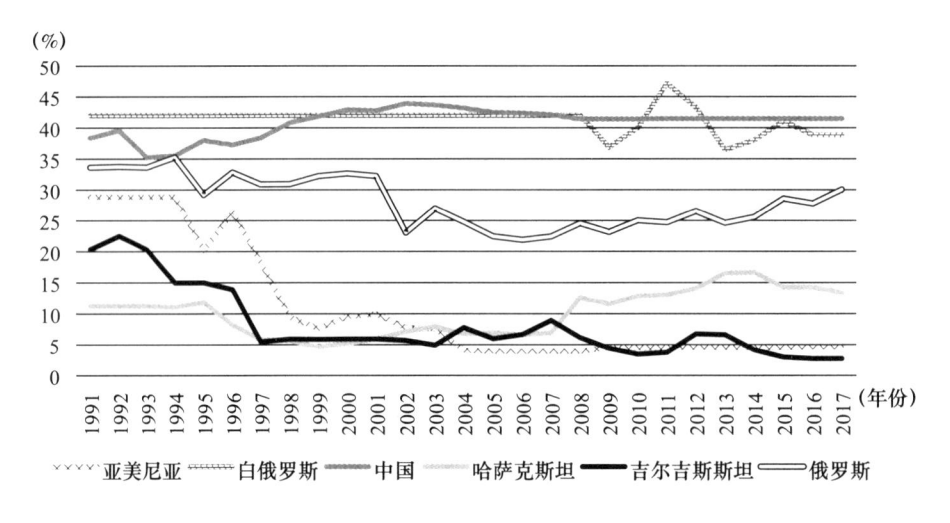

图 5-4 1991—2017 年中高端制造业占制造业增加值的比重

资料来源：世界银行 WDI 数据库。

部门的产出已降低到较低的水平，1991 年俄罗斯农业部门增加值占比为 13.8%，同期白俄罗斯和哈萨克斯坦的农业增加值占比分别为 22.2% 和 23.3%，吉尔吉斯斯坦农业增加值占比为 35.3%。中国 1991 年农业部门增加值占比与白俄罗斯和哈萨克斯坦相当，为 24%。经过几十年的发展，2018 年中国与俄罗斯、白俄罗斯和哈萨克斯坦的农业增加值占比均降到了 10% 以下，俄罗斯低至 3.1%，吉尔吉斯斯坦和亚美尼亚也降到了 15% 以内（见图 5-5）。相对而言，农业部门就业占比尽管也呈现整体下降趋势，但总体上而言水平仍然较高。俄罗斯农业部门就业占比较低，2019 年为 5.8%；其次为白俄罗斯（10.5%）和哈萨克斯坦（14.9%），吉尔吉斯斯坦和亚美尼亚分别为 26.4% 和

33.2%。从趋势来看，除白俄罗斯农业部门就业占比总体上略有上升之外，其他几个欧亚经济联盟国家都呈下降趋势，但降幅都不如中国显著（见图5-6）。1991年中国农业部门就业人口占比为59.7%，远高于所有联盟成员国，到2019年时降为26.4%，与吉尔吉斯斯坦相当。

1991年以来，欧亚经济联盟成员国服务业增加值占GDP的比重由20世纪90年代初时的20%—40%增加到2018年的45%以上（见图5-7）。大部分成员国服务业增加值占比的提升主要是在20世纪90年代完成的，其中哈萨克斯坦和白俄罗斯服务业增加值占比

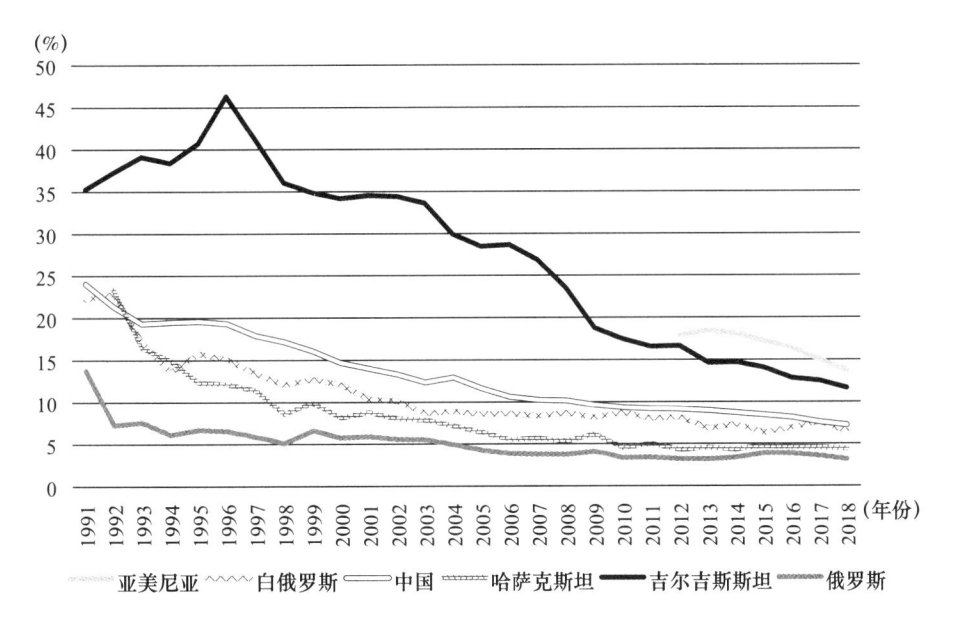

图5-5　1991—2018年欧亚经济联盟成员国和中国农业增加值占GDP的比重
资料来源：世界银行WDI数据库。

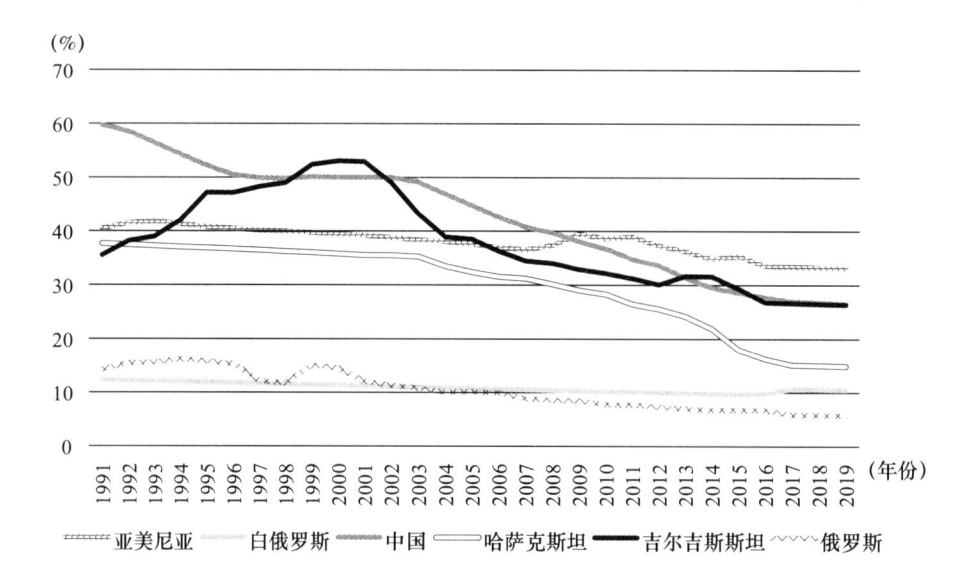

图 5-6　1991—2019 年欧亚经济联盟成员国和中国农业部门就业的比重

资料来源：世界银行 WDI 数据库。

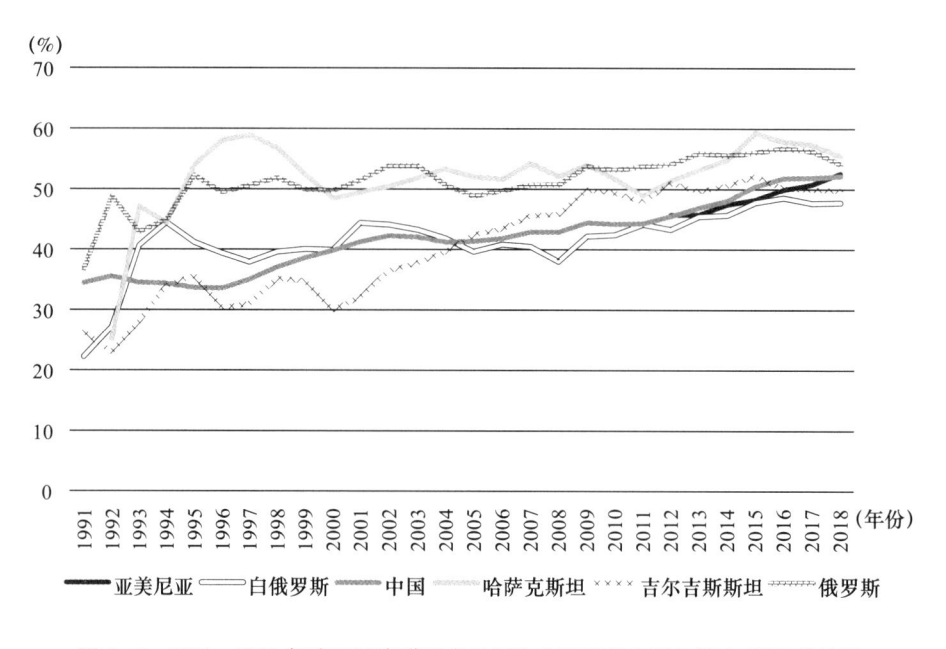

图 5-7　1991—2018 年欧亚经济联盟成员国和中国服务业增加值占 GDP 的比重

资料来源：世界银行 WDI 数据库。

都在 90 年代中后期经历大幅增加之后进入短时间明显的下滑，此后又开始缓慢攀升。与服务业增加值占比相比，欧亚经济联盟国家服务业部门就业占比早在 20 世纪 90 年代初就达到较高的水平，特别是白俄罗斯，1991 年服务业就业占比高达 55.8%，哈萨克斯坦和俄罗斯也超过 45%，占比最低的吉尔吉斯斯坦为 38%，此后几年服务业部门就业占比仍持续缓慢增加，2019 年俄罗斯服务业部门就业占比高达 67.3%，服务业部门就业占比最低的吉尔吉斯斯坦和亚美尼亚也超过了 51%。与联盟成员国一样，中国自 20 世纪 90 年代以来服务业增加值占比和服务业部门就业占比均持续上升，但服务业部门就业占比始终低于联盟成员国，而服务业增加值占比相当于联盟成员国的中间水平。此外，中国服务业部门就业占比始终在服务业增加值占比之后，但服务业部门就业占比提升速度更快，两者差距不断缩小，2018 年中国服务业部门就业占比为 45.2%，服务业增加值占比为 52%（见图 5-8）。

表 5-1 可以清晰地看出中国和欧亚经济联盟成员国经济结构的差异性和互补性特征。从三次产业结构来看，中国工业比重显著高于欧亚经济联盟国家，而吉尔吉斯斯坦、亚美尼亚的经济在更大程度上依赖农业。制造业是中国工业的主要组成部分，但俄罗斯、哈萨克斯坦、吉尔吉斯斯坦以及亚美尼亚的矿产能源

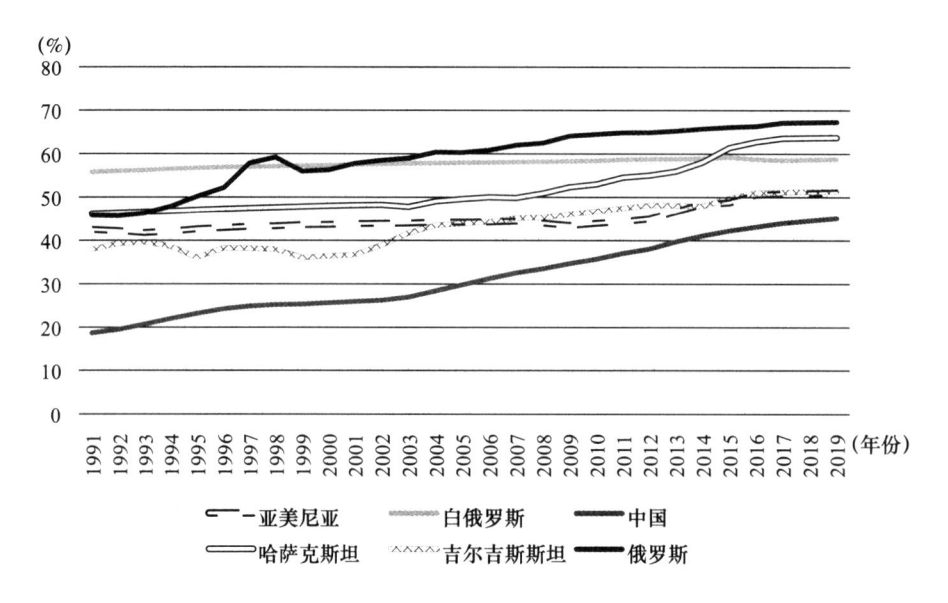

图 5-8　1991—2019 年欧亚经济联盟成员国和中国服务业部门就业的比重

资料来源：世界银行 WDI 数据库。

产业在工业部门中占比较高，制造业占比较低。

就制造业内部结构来看，中国与欧亚经济联盟国家也具有显著的差异。首先，与欧亚经济联盟国家相比，中国制造业技术水平较高，中高端制造业比重较大，代表较高技术水平的机械和交通设备业是制造业第一大门类，其他制造业部门都较为均衡，中国制造业没有明显的短板。欧亚经济联盟国家中白俄罗斯制造业的总体技术水平略低于中国，机械和交通设备业在制造业中也占据较大份额，但其化学工业更为突出，纺织服装业较为薄弱。俄罗斯的化学工业及食品、饮料和烟草业占比较大，纺织服装业较为薄弱。哈萨克斯坦的制造业主要集中在食品、饮料和烟草业这类低加工制造业，机械和交通设备业以及化学工业比重不大，但远高于纺织服装业。吉尔吉斯斯坦和亚美尼亚的制造业主要以食品、饮料和烟草业为主，较低技术水平的纺织服装业和较高技术水平的机械和交通设备业、化学工业等都极为薄弱。

表5-1　　　　欧亚经济联盟和中国三次产业及制造业结构　　　单位：%

	农业	工业	服务业	制造业					
				GDP占比	中高新技术产业	食品、饮料和烟草业	纺织服装业	机械和交通设备业	化学工业	其他制造业
俄罗斯	3.15	32.07	54.12	12.31	30.05	15.86	1.81	8.24	15.26	58.84
白俄罗斯	6.40	31.49	47.72	21.47	38.83	20.65	5.65	12.95	24.72	36.03
哈萨克斯坦	4.40	33.50	55.45	11.43	13.35	24.84	0.94	6.60	6.52	61.11
吉尔吉斯斯坦	11.65	27.46	49.79	15.16	2.71	13.98	3.71	0.75	0.65	80.90
亚美尼亚	13.70	24.98	52.62	11.31	4.62	64.34	1.68	1.94	2.07	29.97
中国	7.19	40.65	52.16	29.41	41.45	11.83	9.99	24.53	10.81	42.84

资料来源：世界银行WDI数据库。其中，农业、工业、制造业和服务业增加值占GDP的比重为2018年数据，中高新技术产业占制造业增加值的比重为2017年数据，食品、饮料和烟草业，纺织服装业，机械和交通设备业，化学工业以及其他制造业占制造业增加值的比重为2016年数据。

中国与欧亚经济联盟国家在能源方面具有很强的互补性和合作空间。除白俄罗斯之外，其他几个联盟成员国都是资源大国，自然资源租金占GDP的比重较高。以2017年数据为例，自然资源租金占GDP的比重最高的是哈萨克斯坦，为16.19%，其次为俄罗斯（10.70%）、吉尔吉斯斯坦（8.45%）和亚美尼亚（5.82%）。2017年中国自然资源租金占GDP的比重仅为1.50%，与白俄罗斯相差不大。就自然资源类型而言，欧亚经济联盟国家各有所长，俄罗斯的自然资源租金主要来自石油和天然气，哈萨克斯坦主要来自石油和矿产，吉尔吉斯斯坦和亚美尼亚主要来自矿产。

（2）联盟成员国和中国均面临提高经济复杂性的任务，但两者侧重点不同：中国产品多样性高，但技术含量低，因而普遍性过高；联盟成员国除了面临普遍性过高的问题外，还面临多样性不足的问题

在考察一国经济发展能力方面，C. A. 伊达尔戈和R. 豪斯曼在产品空间和比较优势演化理论基础上，提出了经济复杂度的概念。产品是生产技术和能力的载体及外在体现，如果生产一种产品需要一种特殊的知识或知识的集合，那么一国能够生产这种产品则意味着该国已经获得了这样的知识。经济复杂度通过对产品特征的刻画，映射出其背后的综合生产能力信息，探究经济体生产和贸易结构差异的原因以及经济体的结构演化过程。

经济复杂度的刻画有两个维度：多样性和普遍性。一方面，一国拥有的知识和能力越多，意味着其

能生产更多样化的产品，产品的多样性越高。另一方面，产品需要的知识越多、越复杂，则有能力生产该产品的国家越少，即产品的普遍性越低。显然，多样性越高、普遍性越低，经济复杂度越高。经济复杂度指标的核算以国际贸易的出口信息矩阵和显示性比较优势指数（RCA）为基础，从单个国家出口某种产品的数量出发，通过递归过程，对于国家，计算出口产品的平均普遍性和平均多样性；对于产品，计算出口这些产品的所有国家的平均多样性以及这些国家出口的其他产品的平均普遍性，从而定义经济复杂度指数。经济复杂度体现了一国所拥有的生产技术和能力的多样性，经济复杂度越高，该国越有能力生产复杂的高技术含量的产品，进而实现产业的升级转型。因此，提高经济复杂度是促进各国产业发展的根本途径。

MIT大学媒体实验室公布了141个国家和地区的经济复杂度指数（ECI）及排名情况，ECI越高代表经济复杂度越高，排名越靠前。根据2018年的排名，日本居第一位，ECI为2.32；中国ECI为1.15，居第21位。欧亚经济联盟国家中ECI最高的是白俄罗斯（0.79），居第34位；其次为俄罗斯，ECI为0.34，居第48位；吉尔吉斯斯坦ECI为0.03，居第64位；亚美尼亚ECI为-0.09，居第70位；哈萨克斯坦ECI为

-0.46，居第 88 位①。

从历史数据来看，除了吉尔吉斯斯坦之外，1998 年以来欧亚经济联盟国家 ECI 在世界上的排名总体上越来越靠后。1998 年以来俄罗斯 ECI 在世界各国中居第 25 位，到 2018 年已经降为第 41 位②；白俄罗斯 ECI 排名在 1998—2015 年变化不大，2015 年之后排名趋于下降；哈萨克斯坦 ECI 排名 1998—2005 年大幅下降，2005—2011 年变化不大，2012 年较 2011 年有大幅提升，但此后几年又逐渐下降；吉尔吉斯斯坦 ECI 排名 2008—2011 年不断下降，此后几年开始回升；亚美尼亚 ECI 排名 2007 年以来持续大幅下降。与欧亚经济联盟各国相反，中国 ECI 排名自 21 世纪以来持续提升，1998 年中国 ECI 排名远远落后于俄白哈三国，但 2016 年以来，中国 ECI 排名已经领先欧亚经济联盟所有成员国。ECI 及其排名情况一定程度上反映了各国经济竞争力的情况，意味着联盟成员国最近几十年来经济竞争力持续下滑（见图 5-9）。

从经济复杂度上可以看出中国和欧亚经济联盟成员国之间经济发展阶段的差异性，中国和欧亚经济联盟国家都面临提高经济复杂度的任务，但两者的需求

---

① 基于 HS92、HS96、HS02、HS07、HS12 五套国际贸易分类体系，MIT 大学媒体实验室测算了五套 ECI，上文所列指数和排名是基于 HS12 计算得到的。

② 此处排名数据按照 HS96 国际贸易分类体系计算而来。

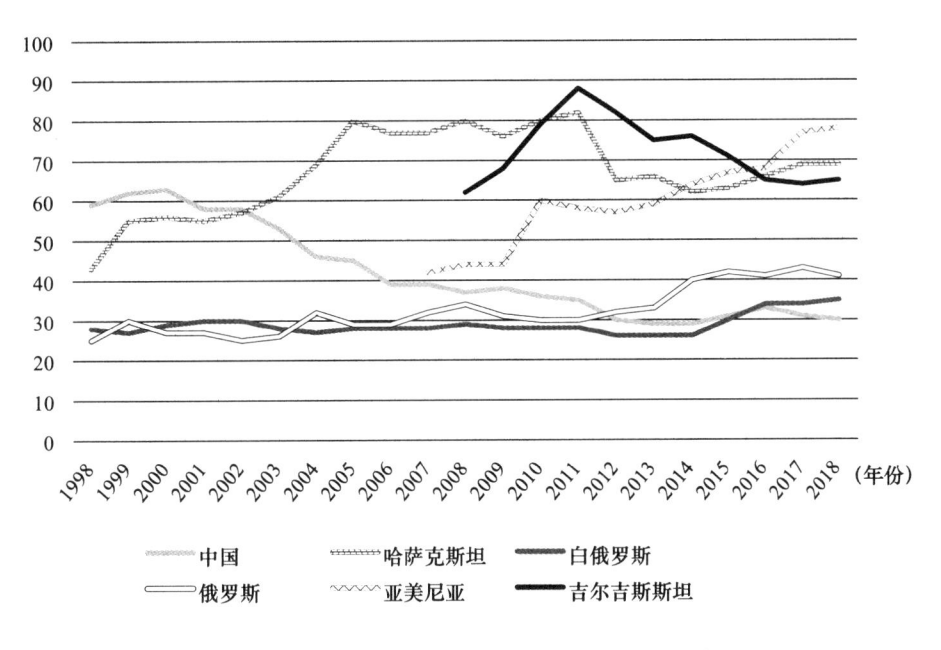

图 5-9 中国和欧亚经济联盟成员国 ECI 排名

资料来源：https://oec.world/en/profile/country/arm。

侧重点不同。中国、俄罗斯、白俄罗斯、哈萨克斯坦、亚美尼亚出口产品中显示性比较优势指数>1的产品空间图，该图清晰地展示出中国经济较高的多样性和欧亚联盟成员国产品多样性不足的问题。

产品复杂性的高低代表着与生产该产品相关的知识和能力的差异。产品复杂性越高，意味着产品生产所需的知识和能力越复杂，能生产这一产品的国家和地区越少，产品的普遍性越低。考察2018年各国出口产品复杂性最高的前五类，欧亚经济联盟中白俄罗斯最为突出，前五大出口产品复杂性指数在1.2—1.7，分别为初级形式的聚酰胺（1.71），自行式轨道/有轨车辆（非机车）（1.52），除用于钻孔、镗孔/铣削/螺纹的车床以外的机床（1.31），除不锈钢外的合金钢线（1.26）和手锯及各种锯条的刀片（1.24）。其次是俄罗斯，前五大出口产品复杂性指数在1—1.4，分别是蒸汽轮机和其他蒸汽轮机（1.36），宽度小于600毫米的扁轧合金钢（1.19），镍板、片、带和箔（1.15），合成橡胶（1.10）和新闻纸（1.07）。亚美尼亚出口产品复杂性指数超过1的只有一类，即焊接、钎焊或锻接设备（1.20），其次是病人用车、包括电动轮椅在内的轮椅（0.84），任何材料的电绝缘体（0.81），表壳及其零件（0.81），以及灯具和照明装置、照明标志等（0.76）。哈萨克斯坦出口产品复杂性指数均在1以下，最高的是电力驱动的铁路机车（0.86），钽、钽制品及其废物废料（0.69），铁路、电车、水路、港口、机场的信号灯等（0.65），铁或钢的铁路和电车轨道材料（0.62）以及钛，钛制品及其废物废料（0.56）。相对而言，中国的情况好于所有的欧亚经济联盟成员国，2018年出口产品中复杂性指数最高的在2以上，即用于电子的化学元素/复合晶片（2.20），其次为电焊剂、焊接、钎焊、铁水喷涂设备（1.83），手动工具、非电动马达（1.65），螺钉、螺栓、螺母、铆钉、垫圈，铁、钢（1.64），以及手动扳手、扳手和套筒（1.64）。但与日本等发达国家相比，中国出口产品复杂性指数的差距仍然很大。以日本为例，2018年日本前五大出口产品复杂性指数均在2以上，分别是机加工中心、单/多工位传送机（2.58），曝光或显影的照相制版、胶卷（电影除外）（2.40），用于电子的化学元素/复合电子晶片（2.20），摄影用化学制剂（2.16）和金属成型机（2.02）。

综上，从经济复杂度来看，中国的工业门类大而全，能生产多样化的产品，因而多样性较高，但产品的技术含量普遍较低，因此普遍性过高。而欧亚经济联盟成员国大多产业结构单一，经济严重依赖能源资源及农产品出口，不仅能生产的产品种类十分有限，而且技术含量也很低，因此欧亚经济联盟国家除了面临与中国同样的普遍性过高的问题之外，还面临突出的多样性不足的问题。

2. 贸易特点比较

（1）联盟成员国贸易规模较低但增速很快

欧亚经济联盟成员国中，除了俄罗斯在世界贸易中占有相对较大份额，其他几个成员国在世界贸易中的份额都非常小，欧亚经济联盟整体占世界贸易的份额也不大。根据WTO统计数据，2019年世界货物贸易出口额中，俄罗斯占比为2.22%，在世界各经济体中排名第14位，哈萨克斯坦、白俄罗斯、吉尔吉斯斯坦和亚美尼亚分别仅占0.30%、0.16%、0.01%和0.01%，欧亚经济联盟合计占比为2.70%。在2019年世界货物贸易进口额中，俄罗斯占比为1.30%，在世界各经济体中排名第21位，白俄罗斯、哈萨克斯坦、亚美尼亚和吉尔吉斯斯坦分别占比为0.20%、0.20%、0.03%和0.03%，欧亚经济联盟合计占比为1.76%。

在出口贸易额年度变化方面，欧亚经济联盟成员国出口贸易增速的波动幅度大大高于世界平均水平（见图5-10）。总的来说，1993年以来的大多数年份欧亚经济联盟成员国的出口贸易都保持正增长，但受1998年和2008年两次金融危机，以及2015年全球经济衰退的影响，联盟成员国的出口贸易经历了大幅衰退，特别是2008年和2015年，联盟成员国的衰退幅度均大大超过世界平均水平。2019年世界贸易战升级，贸易保护主义愈演愈烈，全球出口贸易额平均下滑2.77%。除了亚美尼亚和吉尔吉斯斯坦出口贸易额分别增长了9.45%和7.02%之外，其他三个成员国的出口贸易额均出现大幅下滑，其中哈萨克斯坦下降5.98%，俄罗斯下降5.42%，白俄罗斯下降2.79%。

进口贸易额的年度变化趋势与出口贸易额相似，但每年的波动幅度更大（见图5-11）。1999年、2009

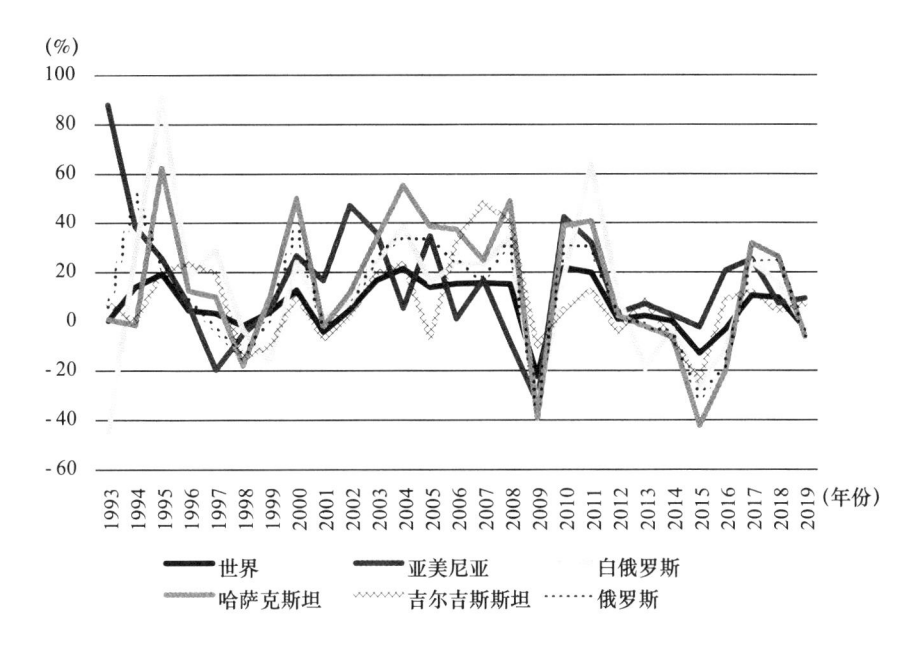

图 5-10　1993—2019 年欧亚经济联盟成员国出口贸易增速

资料来源：WTO 统计数据库。

年以及 2015 年，联盟成员国的进口贸易额都经历了大幅下滑。2019 年全球进口贸易额下降 2.84%，除了吉尔吉斯斯坦进口贸易额同比下降 7.33% 之外，其他几个成员国进口贸易仍然保持正增长，其中哈萨克斯坦增速最高，为 16.05%；其次是亚美尼亚（11.10%）；白俄罗斯和俄罗斯分别增长 2.70% 和 2.31%。

（2）联盟成员国出口产品和贸易伙伴的集中度都很高，与中国的贸易地位不平衡突出

从产品结构来看，欧亚经济联盟成员国的突出特点是出口产品集中度很高（见图 5-12）。2018 年俄罗斯出口商品中，原油占比为 31.30%，其次是精炼石油

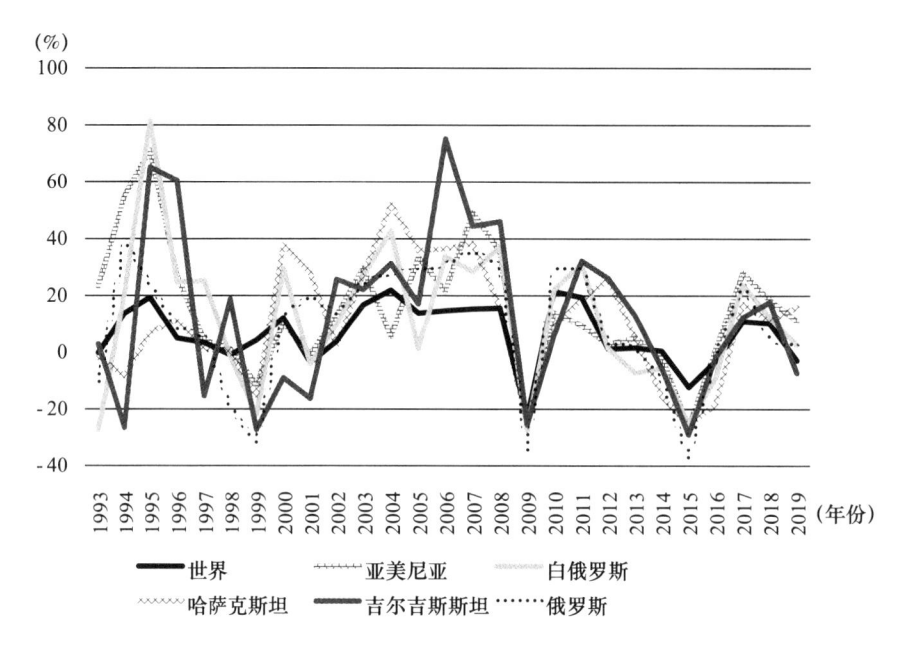

图 5-11　1993—2019 年欧亚经济联盟成员国进口贸易增速

资料来源：WTO 统计数据库。

（18.20%）、石油气（6.42%）和煤饼（4.43%），上述四种产品出口额合计占俄罗斯出口总额的60.35%。2018年白俄罗斯出口商品中精炼石油占比为19.70%，其次是钾肥（8.28%）、运输卡车（4.59%）和奶酪（2.44%），上述四种产品出口额占白俄罗斯出口总额的35.01%。2018年哈萨克斯坦59.80%的出口商品是原油，其次是石油气（4.89%）、精铜（4.37%）、铁合金（3.52%），上述四种商品合计占比为72.58%。2018年亚美尼亚第一大出口商品是铜矿，占比为24.30%，其次是金（12.10%）、卷烟（9.33%）和铁合金（6.89%），上述四种商品合计占比为52.62%。

俄罗斯：31.30%, 39.65%, 4.43%, 6.42%, 18.20% — 原油、精炼石油、石油气、煤饼、其他

白俄罗斯：19.70%, 8.28%, 4.59%, 2.44%, 64.99% — 精炼石油、钾肥、运输卡车、奶酪、其他

哈萨克斯坦：27.42%, 3.52%, 4.37%, 4.89%, 59.80% — 原油、石油气、精铜、铁合金、其他

亚美尼亚：24.30%, 12.10%, 9.33%, 6.89%, 47.38% — 铜矿、金、卷烟、铁合金、其他

吉尔吉斯斯坦：36.19%, 6.78%, 5.86%, 5.08%, 46.09% — 金属、贵金属矿石和精矿、铜、女式衬衫、其他

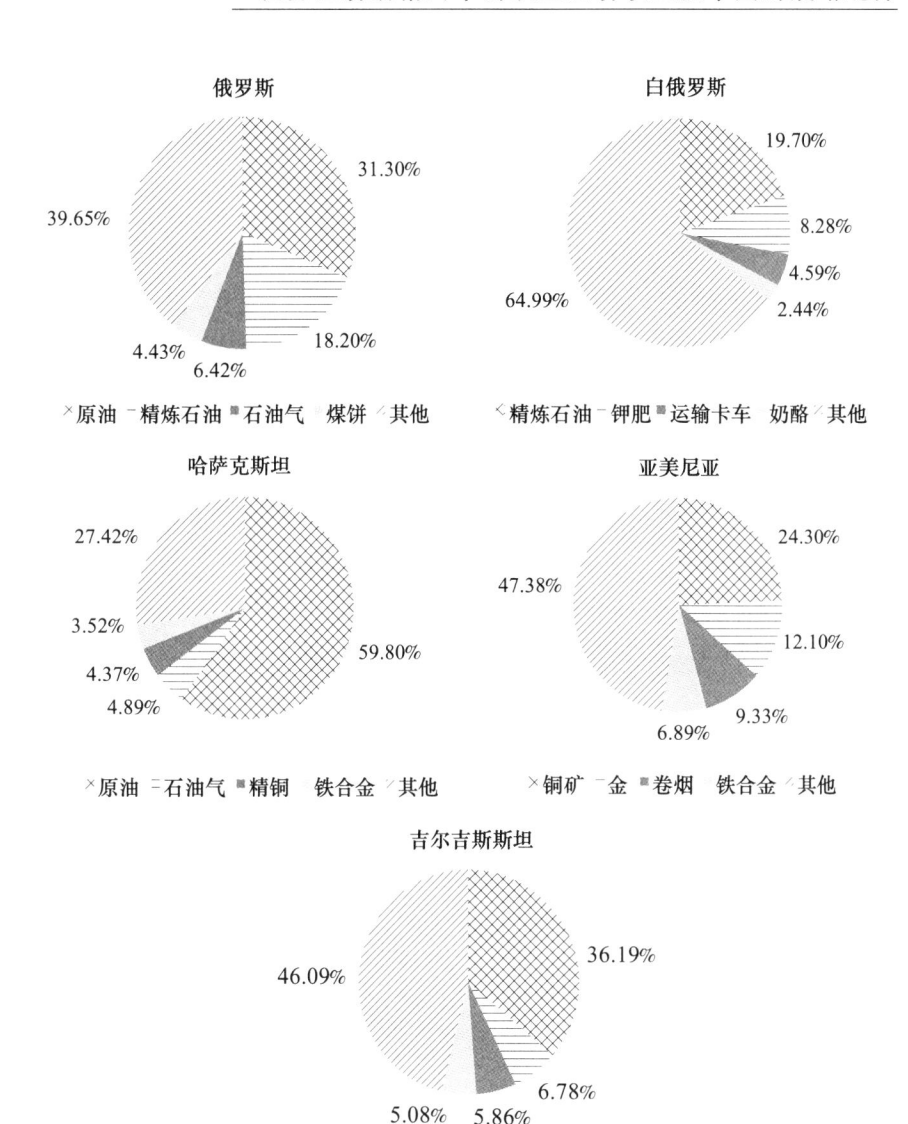

图 5-12 2018 年欧亚经济联盟成员国出口产品结构

资料来源：UNCOMDE。

2018 年吉尔吉斯斯坦第一大出口商品是金属，占比为 36.19%，其次是贵金属矿石和精矿（6.78%）、铜（5.86%）、女式衬衫（5.08%），上述四种商品合计占

比为53.91%。

相比而言，2018年欧亚经济联盟成员国的进口结构较为分散。俄罗斯第一大进口商品是小汽车，占比为4.40%，其次是汽车零部件（3.57%）、包装药品（3.46%）、广播设备（2.98%）以及飞机、直升机和航天器（2.33%），以上五类商品合计占比为16.74%。白俄罗斯第一大进口商品是原油，占比为18.9%，其次是石油气（7.64%）、精炼石油（3.81%）、小汽车（3.08%）、包装药品（1.26%），以上五类商品合计占比为34.69%。哈萨克斯坦第一大进口商品是石油气（2.79%），其次是精炼石油（2.68%）、广播设备（2.35%）、包装药品（2.32%）、小汽车（1.86%），以上五类商品合计占比为12.00%。亚美尼亚第一大进口商品是石油气（7.09%），其次是精炼石油（4.73%）、钻石（3.65%）、小汽车（3.63%）、广播设备（2.92%），以上五类商品合计占比为22.02%。吉尔吉斯斯坦第一大进口商品是石油和沥青油（15.05%），其次是鞋类（3.82%）、药品（2.43%）、电话（2.05%）和金属家具配件（1.56%），以上五类商品合计占比为24.91%。

根据2017年各国SITC出口数据分类统计显示（见表5-2），哈萨克斯坦、亚美尼亚两国70%以上的出口产品是矿物燃料、农产品等初级产品，工业制成品出口占比不足30%，其中资本和技术密集型制成品出口占比更低，哈萨克斯坦的资本和技术密集型制成品出口占比最低，仅为3.85%；亚美尼亚次之，占比为6.16%。其他三国情况略好些，但也都是以初级产品出口为主。其中白俄罗斯初级产品占比较低、资本和技术密集型产品占比较高，初级产品出口占比为40.43%，劳动密集型制成品占比为22.68%，资本和技术密集型制成品占比为36.89%。但与中国相比，白俄罗斯的出口结构还有一些差距。2016年中国出口产品中初级产品占比为5.01%，劳动密集型制成品占比为41.98%，资本和技术密集型制成品占比为53.01%。丰富产业体系、实现工业化和再工业化是欧亚经济联盟成员国面临的迫切产业发展任务。

表5-2　　　　欧亚经济联盟成员国与中国出口结构比较

（按要素密集度划分）　　　　　单位：%

产品类别	俄罗斯	白俄罗斯	哈萨克斯坦	吉尔吉斯斯坦	亚美尼亚	中国
初级产品	58.17	40.43	74.27	48.76	70.70	5.01
劳动密集型制成品	15.33	22.68	21.88	28.27	23.14	41.98
资本和技术密集型制成品	26.50	36.89	3.85	22.97	6.16	53.01

资料来源：UN Comtrade，根据SITC分类统计数据整理得到。其中中国数据是2016年的，其他国家数据是2017年的。

从贸易伙伴来看，欧亚经济联盟成员国的出口市场集中度很高，主要集中在欧亚地区。2018年，俄罗斯的第一大出口市场是中国，占比为12.90%；其次是荷兰（9.59%）、德国（5.45%）、白俄罗斯（5.06%）以及意大利（4.43%），前五大市场合计占比为37.43%。白俄罗斯的第一大出口市场是俄罗斯（38.00%），其次是乌克兰（12.40%）、英国（9.26%）、德国（4.39%）、荷兰（4.32%），上述五大市场合计占比为68.37%。哈萨克斯坦的第一大出口市场是意大利（16.00%），其次是中国（10.00%）、荷兰（9.42%）、俄罗斯（8.24%）、法国（6.09%），前五大市场合计占比为49.75%。吉尔吉斯斯坦第一大出口市场是英国（36.51%），其次是俄罗斯（19.43%）、哈萨克斯坦（14.73%）、乌兹别克斯坦（8.64%）以及土耳其（5.68%），前五大市场合计占比为84.99%。亚美尼亚第一大出口市场是俄罗斯（23.20%），其次是瑞士（17.80%）、保加利亚（7.55%）、德国（6.86%）、伊拉克（5.29%），前五大市场合计占比为60.70%。

联盟成员国的进口市场集中度也很高。2018年，俄罗斯45.64%的进口产品来自中国（19.60%）、德国（13.30%）、白俄罗斯（5.45%）、意大利（3.88%）和波兰（3.41%）。白俄罗斯78.93%的进口产品来自俄罗斯（60.20%）、中国（5.66%）、德国（4.80%）、波兰（4.57%）、乌克兰（3.70%）。哈萨克斯坦69.08%的进口产品来自俄罗斯（34.60%）、中国（23.10%）、德国（4.55%）、意大利（3.58%）和乌兹别克斯坦（3.25%）。吉尔吉斯斯坦85.48%的进口产品来自中国（36.70%）、俄罗斯（28.55%）、哈萨克斯坦（11.39%）、土耳其（5.48%）和乌兹别克斯坦（3.36%）。亚美尼亚52.53%的进口产品来自俄罗斯（26.50%）、中国（10.00%）、格鲁吉亚（5.56%）、伊朗（5.27%）和德国（5.20%）。

（3）联盟成员国与中国贸易

在中国对外贸易中，欧亚经济联盟成员国一直是中国一个相对较小的贸易伙伴。2005—2019年，欧亚经济联盟五国在中国出口贸易中合计占比为2.13%—3.67%（见图5-13），在进口贸易中合计占比为2.38%—3.43%（见图5-14）。中国与联盟成员国的贸易主要集中在俄罗斯。2005—2019年，中国对俄罗斯出口占中国出口总额的1.46%—2.34%，自俄罗斯进口占中国进口总额的1.86%—2.91%。哈萨克斯坦是联盟成员国中中国的第二大贸易伙伴，中国对哈萨克斯坦出口占中国出口总额的0.37%—0.69%，自哈萨克斯坦进口占中国进口总额的0.3%—0.88%。吉尔吉斯斯坦是联盟成员国中中国的第三大出口市场，对吉尔吉斯斯坦出口占中国出口总额的0.11%—0.64%，自

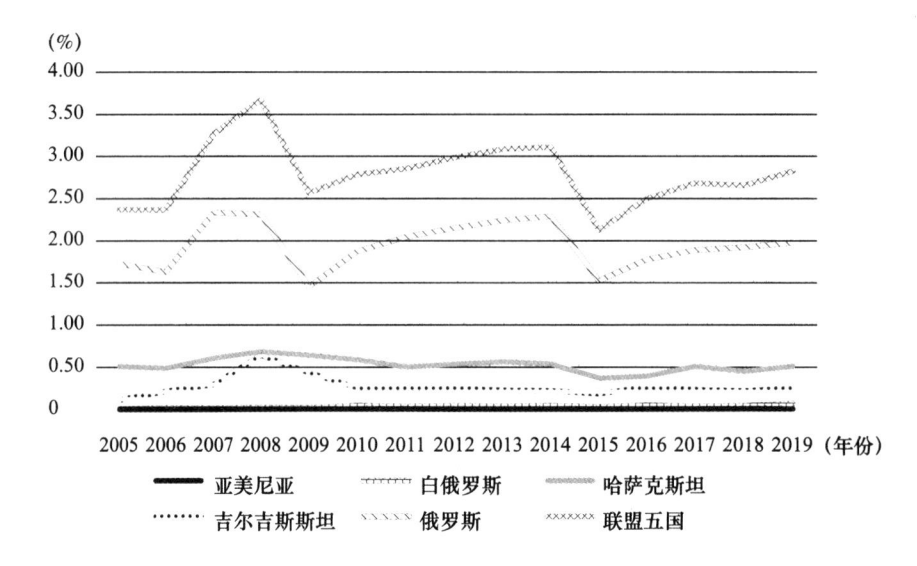

图 5-13 2005—2019 年中国与欧亚经济联盟成员国出口贸易额占中国出口总额的比重

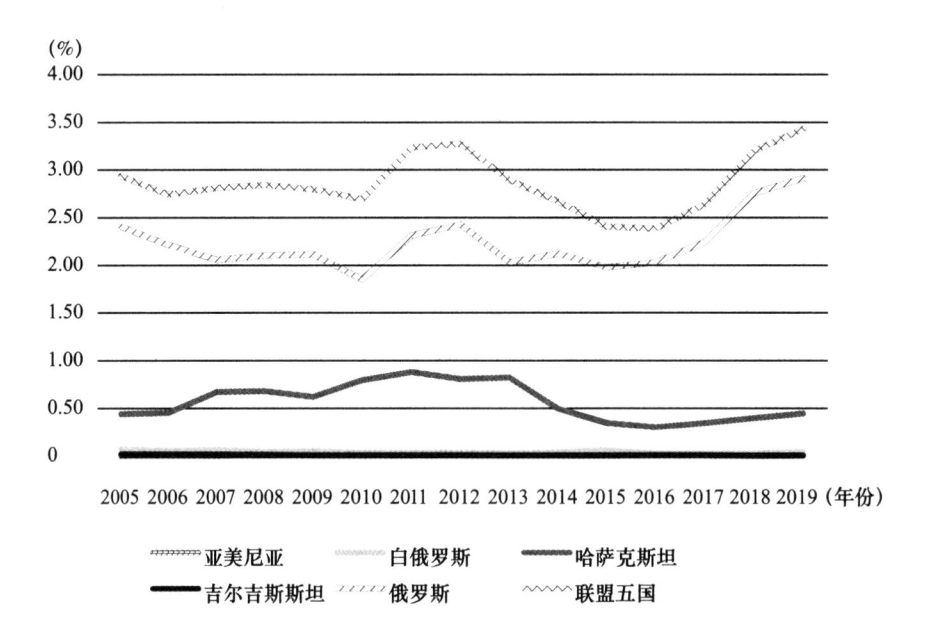

图 5-14 2005—2019 年中国自欧亚经济联盟进口额占中国进口总额的比重

吉尔吉斯斯坦进口占中国进口总额的比重很低，不足0.02%。中国对白俄罗斯出口和自白俄罗斯进口占比均不足0.07%，对亚美尼亚出口和亚美尼亚进口占比分别在0.01%和0.03%以内。

虽然欧亚经济联盟只是中国一个相对较小的贸易伙伴，但中国却是欧亚经济联盟最重要的贸易伙伴。自2015年欧亚经济联盟成立开始，中国一直是欧亚经济联盟第一大贸易伙伴（不含国际组织在内）。自2017年开始，中国同时是欧亚经济联盟的第一大出口市场和进口来源地。2019年，与中国的贸易总额占欧亚经济联盟对外贸易总额的18%，其中，对中国出口占欧亚经济联盟出口总额的14%，自中国进口占欧亚经济联盟进口总额的24%。分国家来看，中国是亚美尼亚的第一大贸易伙伴国、第三大出口市场和第一大进口来源地。2019年与中国贸易占亚美尼亚贸易总额的16%，对中国出口占亚美尼亚出口总额的10%，自中国进口占亚美尼亚进口总额的18%。中国是白俄罗斯的第二大贸易伙伴国、第七大出口市场和第一大进口来源地。2019年，与中国的贸易总额占白俄罗斯贸易总额的13%，对中国出口占白俄罗斯出口总额的4%，自中国进口占白俄罗斯进口总额的22%。中国是哈萨克斯坦的第一大贸易伙伴国、第二大出口市场和第一大进口来源地。2019年，与中国的贸易占哈萨克斯坦对外贸易总额的19%，对中国出口占哈萨克斯坦出口总额的15%，自中国进口占哈萨克斯坦进口总额的28%。中国是吉尔吉斯斯坦的第一大贸易伙伴国、第四大出口市场和第一大进口来源地。2019年，与中国贸易占吉尔吉斯斯坦贸易总额的43%，对中国出口占吉尔吉斯斯坦出口总额的6%，自中国进口占吉尔吉斯斯坦进口总额的60%。中国是俄罗斯的第一大贸易伙伴、第一大出口市场和第一大进口来源地。2019年，与中国贸易占俄罗斯贸易总额的18%，对中国出口占俄罗斯出口总额的15%，自中国进口占俄罗斯进口总额的24%。

在贸易平衡方面，2019年中国对欧亚经济联盟整体略有顺差，对亚美尼亚、白俄罗斯、吉尔吉斯斯坦有较大程度顺差，对哈萨克斯坦和俄罗斯保持程度不大的逆差。

在贸易产品方面，中国与欧亚经济联盟成员国的进出口贸易具有如下特点：第一，无论是进口还是出口，商品的集中度都非常高，而且中国自联盟成员国的进口集中度普遍高于出口集中度。第二，中国对联盟成员国的出口以机械设备等制造品为主，而中国自联盟成员国的进口以矿产、农牧产品等初级产品为主，呈现出典型的互补性和产业间贸易特征。具体来看，2019年，中国对亚美尼亚的出口中，62.6%集中在机械设备、电气设备及零部件、车辆、钢铁制品等方面；中国自亚美尼亚进口的94.7%都是矿石、矿渣和灰分，另有4.6%是服装和服饰。中国出口白俄罗斯的产品中，52%集中在机械设备、电气设备、车辆及其零部件；中国自白俄罗斯进口的商品中，化肥占60.6%，另有31.9%是乳制品、木材及木制品、肉、塑料及其制品、动植物油脂等。中国出口哈萨克斯坦的产品中，49.7%集中在机械设备、电气设备、服装、鞋帽等；中国自哈萨克斯坦进口的商品中，87.3%集中在矿物燃料、铜及其制成品、矿石、矿渣、铁和钢以及无机化学品等。中国出口吉尔吉斯斯坦的商品中，55.0%集中在服装、服饰和配件，以及鞋类方面，此外是电气设备、水果、坚果、机械设备和零件等，上述商品合计占比为73.5%；中国自吉尔吉斯斯坦进口的商品中，52.0%是矿石、矿渣和灰分，另有34.9%集中在生皮和皮革、铅及其制品、矿物燃料和动物毛料等。中国对俄罗斯出口的前两大类商品分别是电气设备和机械设备及其零部件，两者合计占比38.0%，其次是毛皮和人造毛皮及其制成品、车辆及零部件、鞋类等，这五大类商品合计占比为53.0%；中国自俄罗斯进口的商品中，69.4%是矿物燃料，7.1%是木材及木制品，此外，矿石、鱼和甲壳类动物，以及铜及其制品合计占比为10.0%。

（二）中国与欧亚经济联盟贸易自由化评价

贸易自由化是 GATT/WTO 的重要原则。《马拉喀什建立世界贸易组织协定》序言对贸易自由化的描述为："通过达成互惠互利安排，实质性削减关税和其他贸易壁垒，削除国际贸易关系中的歧视待遇。"下面本书将重点从关税壁垒和非关税壁垒两方面，对中国和欧亚经济联盟的贸易自由化进行评价。

1. 联盟成员国关税壁垒较低，平均关税水平高于美国但低于中国

20 世纪 90 年代初开始由 WTO、WB 和 IMF 等几大国际组织推动的经济全球化和自由化改革浪潮，极大地降低了世界各国的关税和传统的非关税壁垒，全球贸易自由化水平显著提高。欧亚经济联盟成员国都积极参与这一场自由化的改革浪潮，积极开放门户，单边或在多边机制下大幅削减关税壁垒。特别是加入 WTO 之后，欧亚经济联盟各国和中国都进行了实质性的关税削减，关税水平进一步降低[①]。

[①] 中国（2001）和亚美尼亚（2003）、哈萨克斯坦（1998）、吉尔吉斯斯坦（2015）和俄罗斯（2012）都是 WTO 的成员国，括号内为加入 WTO 年份。

表 5-3 是 2017 年中国和欧亚经济联盟成员国以及世界各国平均的关税水平。从该表可以看出，欧亚经济联盟各成员国的平均关税已经降到很低的水平，简单平均关税水平基本在 5% 以内（俄罗斯略高），低于世界简单平均关税水平 5.17%，最惠国平均关税水平相对而言较高，但也都在 6.5% 以内，低于世界简单平均水平 8.90%。相对而言中国的关税水平较高，简单平均关税水平 8.46%、最惠国简单平均关税水平 11.01%，均高于欧亚经济联盟各国，也高于世界平均水平。

表 5-3　　　2017 年中国和欧亚经济联盟国家关税水平　　　单位：%

	平均关税税率		最惠国关税率	
	简单平均	加权平均	简单平均	加权平均
世界	5.17	2.59	8.90	4.17
亚美尼亚	4.60	2.22	5.92	3.64
白俄罗斯	4.92	1.51	6.42	4.01
中国	8.46	3.83	11.01	4.89
哈萨克斯坦	4.79	2.39	6.31	5.15
吉尔吉斯斯坦	4.12	2.93	6.36	5.71
俄罗斯	5.06	3.61	6.42	4.45

资料来源：世界银行 WDI 数据库。

分产品来看，2019 年欧亚经济联盟进口农产品的 MFN 平均执行关税为 8.9%—11.2%，高于美国（4.7%），但比中国（13.9%）低。从进口农产品的关税分布来看，亚美尼亚42.9%、白俄罗斯43.2%、哈萨克斯坦52.7%、吉尔吉斯斯坦66.0%、俄罗斯40.9%的进口农产品关税分布在5%—15%，中国这一指标为42.3%，美国为18.5%。在零关税产品方面，中国只有1.4%的进口农产品免关税，而美国有37.4%，欧亚经济联盟中比例最高的是俄罗斯，占比为17.7%，其次是白俄罗斯（16.7%），最低的是吉尔吉斯斯坦（4.5%）。尽管美国有比例较高的农产品免税，但美国仍对0.1%的少量农产品征收超过100%的超高关税，中国和欧亚经济联盟成员国这一比例则为零。按照HS6产品类别来看，2019年欧亚经济联盟平均对5.04%的农产品征收超过15%的进口关税，其中最低的为吉尔吉斯斯坦（3.2%），最高的是白俄罗斯（7.4%）。中国这一比例较高，达27.3%，美国为5.4%，略高于欧亚经济联盟的平均水平。

非农产品进口方面，2019年欧亚经济联盟进口MFN平均执行关税为5.94%，高于美国（3.1%），但低于中国（6.5%）。其中白俄罗斯、俄罗斯和吉尔吉斯斯坦为6.1%，亚美尼亚为5.8%，哈萨克斯坦为5.6%。在进口非农产品关税分布方面，美国和中国均有超过一半的非农产品实施零关税，欧亚经济联盟国家中这一比例最高的是白俄罗斯（41.0%），最低的是吉尔吉斯斯坦（22.5%）。欧亚经济联盟国家进口的所有非农产品关税税率都在25%以内，与之相对，中国有0.1%、美国有0.9%的进口非农产品关税在25%—50%。按照HS6产品类目来看，2019年欧亚经济联盟国家征收进口关税超过15%的产品类目占比非常低，在0.2%—1%，而中国这一比例为1.3%，美国最高为2.2%。

通过上述对中国和欧亚经济联盟国家及其他国家关税水平的横向对比，可以看出，无论是农产品，还是非农产品，欧亚经济联盟国家征收的平均关税均低于中国，但高于美国。在进口农产品方面，就平均关税而言，中国和欧亚经济联盟国家均与美国有较大的差距；就关税分布而言，中国HS6产品类别中关税税率超过15%的产品类别所占比重远高于美国和欧亚经济联盟各国。在非农产品进口方面，欧亚经济联盟国家和中国征收的平均关税水平都比较低，但与美国比仍较高；在零关税进口非农产品占比方面，欧亚经济联盟国家低于中国和美国，但在进口税率超过15%的非农产品类别占比方面，欧亚经济联盟国家远低于中国和美国。也就是说，尽管欧亚经济联盟国家的平均关税略高于美国，但其实施高关税的产品种类占比则比美国低很多。

2. 联盟成员国对传统非关税措施的应用不如中国频繁

WTO 统计了几项传统的非关税壁垒措施实施情况，即反倾销、反补贴和保护措施。根据这一统计，2019 年欧亚经济联盟中，除了俄罗斯发起了 1 起反倾销调查之外，其他联盟成员国均没有发起和实施反倾销调查，也没有之前发起仍在实施的反倾销措施。截至 2019 年，俄罗斯发起的反倾销调查中仍在实施的有 18 起，涉及 69 大类产品（HS6 编码）。中国 2019 年共发起 14 起反倾销调查，实施 12 起，截至 2019 年，中国发起的反倾销调查中仍在实施的有 107 起，涉及 66 大类产品（HS6 编码）。反补贴方面，2019 年，中国发起了 1 起反补贴调查，截至 2019 年，中国发起的反补贴调查中，仍在实施的有 4 起，涉及 14 类产品。欧亚经济联盟成员国没有发起和尚在生效的反补贴调查。保护措施方面，2019 年中国没有发起新的保护措施调查，之前发起仍在实施的保护措施共有 1 项，涉及 5 大类产品。欧亚经济联盟成员国 2019 年发起的保护措施调查有两起，生效 1 起，截至 2019 年仍在实施的保护措施共 1 项，涉及 56 类产品。

3. 总体上而言中国和联盟成员国贸易自由化水平较高，但就具体产品而言仍有较大的自由化空间

首先，作为 WTO 成员国（白俄罗斯除外），遵循

"入世"承诺，中国和欧亚经济联盟成员国的关税壁垒和传统非关税壁垒都经过了实质性削减，白俄罗斯虽然不是 WTO 成员国，但也开启了加入 WTO 的谈判，而且作为欧亚经济联盟成员国，白俄罗斯执行欧亚经济联盟统一的对外贸易政策，关税水平与其他成员国也保持同步。因此，总体上而言，中国和欧亚经济联盟各国在 WTO 的引领下，贸易自由化都达到较高的水平。同时，与美国等发达国家相比，中国和欧亚经济联盟成员国的关税水平还比较高，但鉴于发展中国家的国情，与发达国家保持一定的关税差距也是合理的。另外，尽管平均关税水平已经降得比较低，但不同产品之间的关税差距非常显著，在这些具体产品的关税税率方面，中国和欧亚经济联盟国家应该都具有较大的谈判空间。

其次，无论从关税壁垒还是从反倾销、反补贴、保护措施等几项传统的非关税壁垒来看，欧亚经济联盟成员国的贸易自由化水平都高于中国。中国的农产品进口平均关税和非农产品进口平均关税水平均高于联盟成员国，但在非农产品进口方面，中国进口产品中实施零关税的比重（按照进口额衡量）高于欧亚经济联盟国家，同时进口产品中实施高关税的产品类别所占比重也高于欧亚经济联盟国家。非关税壁垒方面，一些传统的非关税壁垒已经被 WTO 取消，另外一些新的非关税壁垒，由于其本身并不透明，也不容易被识别，本书难以获得有效的信息以对非关税壁垒进行较为全面客观的衡量。但从一些WTO保留的反倾销、反补贴和保护措施等几项内容来看，欧亚经济联盟成员国对该类措施的运用并不是很频繁。

（三）中国与联盟国家贸易便利化水平评价

1. 贸易便利化评价体系构建

经过几十年全球化的深入发展，阻碍国际贸易发展的关税壁垒和传统的非关税壁垒已经大幅削减，关税调整的余地越来越小。与此同时，清关手续、通关监管等制约贸易效率的隐形因素日渐突出，如何减少这些非效率因素，促进贸易便利化，成为"后关税时代"双边、区域和多边经贸合作谈判的重要内容。所谓贸易便利化，通常是指政府通过简化程序、协调法律法规和标准、采用新技术和其他有效方法，消除或减少资源跨国流动和配置的机制性和技术性障碍，以提高贸易的运作效率。[①] 就其范畴而言，贸易便利化不仅应涵盖边境障碍相关内容，还应涵盖边境后障碍相

---

① 王中美：《全球贸易便利化的评估研究与趋势分析》，《世界经济研究》2014年第3期。

关内容，不仅包括货物流动所经历的边境措施，同时还涉及一系列国内法规以及新技术的使用等。落实到实际操作层面，APEC 在贸易便利化行动中将贸易便利化的行动措施分为四大类：海关程序、标准和一致化、商务流动以及电子商务。Wilson 等（2003）① 据此构建了港口效率、海关环境、规制环境和电子商务 4 个一级指标和 13 个二级指标的贸易便利化评价体系。后续学者大都沿袭了这一思路，在 Wilson 等（2003）评价体系基础上，根据具体情况对指标体系略作修改和调整。

本书将借鉴 Wilson 等（2003）的研究成果和思想，从贸易便利化的概念和内涵出发，结合贸易便利化的新发展、数据的可得性，以及欧亚经济联盟成员国的自身特点，构建了一个综合的评价体系。与 Wilson 等（2003）的研究相比，在一级指标体系上，本书用交通与物流替代口岸效率，在这一项中，除了考察港口、水陆和航空等交通运输硬件基础设施之外，增加了对物流效率和物流服务质量等软件能力的考察；用金融与电子商务替代电子商务，除了考察互联网的使用情况外，还考察金融中介服务对贸易便利化的促

---

① Wilson J. S., Mann C. L., Otsuki T., "Trade Facilitation and Economic Pevelopment: A New Approach to Quanti fying the Impact", *The World Bank Economic Review*, Vol. 17, No. 3, 2003, pp. 367 – 389.

进作用。在二级指标体系上，基于数据的可得性，综合选取了世界银行和图尔库经济学院物流绩效指数调查项目（LPIS）、世界银行营商环境项目（DB）、世界银行政府治理指数数据库（WGI）、世界银行世界发展指数数据库（WDI）的有关指标。在此基础上，本书构建了由交通与物流、海关环境、规制环境和金融与电子商务4个一级指标和21个二级指标组成的综合评价体系（见表5-4），从流程上看，既涵盖了以海关环境为代表的边境措施，也涵盖了以交通与物流、规制环境和金融与电子商务为代表的边境后措施；从内容上看，既包含影响商品跨境流动的交通运输、通信基础设施，也包含与流程、制度、技术和金融支持等相关的制度和技术环境，从而能更加全面地对贸易便利化的程度进行考察和评价。

2. 测评指标含义

第一，交通与物流。该指标用来衡量一国航空、铁路、公路、港口口岸等硬件基础设施质量以及物流服务等软件能力，该指标分值越高，代表交通物流设施越好，越有利于促进贸易便利化。选取5个二级指标，分别包括贸易和运输相关基础设施的质量、跟踪和追踪托运货物的能力、价格有竞争力的货运、物流服务的能力和质量、货物在计划或预期时间内到达收

表5-4 贸易便利化测评体系指标构成

一级指标	二级指标		得分范围	指标来源
交通与物流（T）	贸易和运输相关基础设施的质量	T1	1—5	LPIS
	跟踪和追踪托运货物的能力	T2	1—5	LPIS
	价格有竞争力的货运	T3	1—5	LPIS
	物流服务的能力和质量	T4	1—5	LPIS
	货物在计划或预期时间内到达收货人的频率	T5	1—5	LPIS
海关环境（C）	清关流程的效率	C1	0—100	DB
	出口时间—文件合规性	C2	0—100	DB
	进口时间—文件合规性	C3	0—100	DB
	出口时间—边境合规性	C4	0—100	DB
	进口时间—边境合规性	C5	0—100	DB
	出口成本—文件合规性	C6	0—100	DB
	进口成本—文件合规性	C7	0—100	DB
	出口成本—边境合规性	C8	0—100	DB
	进口成本—边境合规性	C9	0—100	DB

续表

一级指标	二级指标		得分范围	指标来源
规制环境（L）	合同执行情况	L1	0—100	DB
	腐败控制	L2	−2.5—2.5	WGI
	法治	L3	−2.5—2.5	WGI
	监管质量	L4	−2.5—2.5	WGI
金融与电子商务（F）	获得信贷难易度	F1	0—100	DB
	个人使用互联网比例	F2	0—100	WDI
	固定宽带订阅比例	F3	0—100	WDI

货人的频率。5个二级指标均来自世界银行和LPIS，阈值范围为1—5（1=极差，5=极好）。

第二，海关环境。该指标用来衡量一国海关程序的烦琐与海关相关成本的高低。该指标分值越高，代表海关程序越简单透明，成本越低，越有利于促进贸易。该指标选取9个二级指标，其中清关流程的效率来自LPIS，（1=最低，5=最高），另外8项指标：出口时间—文件合规性、进口时间—文件合规性、出口时间—边境合规性、进口时间—边境合规性、出口成本—文件合规性、进口成本—文件合规性、出口成本—边境合规性、进口成本—边境合规性，分别对出口和进口所需的时间和成本以及单证数量进行考察，阈值范围为0—100（0=极差，100=极好）。

第三，规制环境。该指标用来衡量一国营商的宏观制度环境，一国法制越健全、合同执行越有效，越有利于促进贸易。该指标包含4个二级指标：合同执行情况（0=最不利，100=最有利）、腐败控制（-2.5=腐败控制最不利，2.5=腐败控制最好）、法治（-2.5=法治最弱，2.5=法治最好）、监管质量（-2.5=最差，2.5=最好）。

第四，金融与电子商务。考察一国金融和信息技术对国际贸易的支持情况，该项指标得分越高，代表一国金融和技术对贸易的支持力度越大。选取3个二级指标：获得信贷难易度（0=极困难，100=极容易）、个人使用互联网比例（0=最低，100=最高）、固定宽带订阅比例（0=最低，100=最高）。

3. 数据来源与处理

本书所有数据均来源于世界银行和 LPIS、DB、WGI、WDI，时间跨度为 2014—2018 年。

4. 贸易便利化的综合评价模型

本书在使用主成分分析法对指标权重进行赋值基础上，得到贸易便利化评价的综合模型式（5-1）：

$$TWTFI = 0.045T1 + 0.022T2 + 0.047T3 + 0.051T4 + 0.047T5 + 0.045C1 + 0.079C2 + 0.066C3 + 0.033C4 + 0.028C5 + 0.074C6 + 0.052C7 + 0.055C8 + 0.031C9 + 0.063L1 + 0.101L2 + 0.065L3 + 0.007L4 - 0.044F1 + 0.054F2 + 0.078F3 \quad (5-1)$$

其中，各个指标前的系数为各二级指标在主成分中的权重。一级指标权重为各一级指标下二级指标权重总和，因此，交通物流（T）、海关环境（C）、规制环境（L）、金融与电子商务（F）的权重分别为 0.21、0.46、0.24 和 0.09。

5. 贸易便利化水平测算与分析

将中国和欧亚经济联盟成员国 2014—2018 年各个评价指标的指标值和指标权重分别代入模型（5-1），得到各国贸易便利化水平测度结果、五年均值及其排名（见表 5-5）。

总的来看，欧亚经济联盟中贸易便利化水平最高的是白俄罗斯，其次是亚美尼亚、俄罗斯和哈萨克斯坦，贸易便利化水平最低的是吉尔吉斯斯坦。与欧亚经济联盟成员国相比，中国的贸易便利化水平处于中上位，2014—2017 年中国的贸易便利化水平仅次于白俄罗斯，高于其他四个欧亚经济联盟国家。2018 年，中国的贸易便利化水平首次超过白俄罗斯。

为了考察中国和欧亚经济联盟成员国贸易便利化水平在世界中的相对地位，本书同时测算了英国、法国、德国、美国、意大利、日本、加拿大、比利时、奥地利、澳大利亚、新加坡、韩国、西班牙、波兰、智利、秘鲁、泰国、墨西哥、巴西、印度共 20 个国家 2014—2018 年的贸易便利化指数（见表 5-6），这 20 个国家中，前 13 个为发达国家，后 7 个为发展中国家。按照五年均值计算，中国和欧亚经济联盟成员国贸易便利化水

表 5-5 2014—2018年中国和欧亚经济联盟成员国贸易便利化水平及排名情况

国家	2014		2015		2016		2017		2018		均值	
	TWTFI	排名	TWTFI	排名	TWTFI	排名	TWTFI	排名	TWTFI	排名	TWTFI	排名
亚美尼亚	0.59	3	0.59	3	0.58	3	0.60	3	0.62	3	0.59	3
白俄罗斯	0.65	1	0.65	1	0.65	1	0.65	1	0.66	2	0.65	1
中国	0.61	2	0.62	2	0.62	2	0.63	2	0.68	1	0.63	2
哈萨克斯坦	0.49	5	0.49	5	0.52	5	0.52	5	0.54	5	0.51	5
吉尔吉斯斯坦	0.41	6	0.40	6	0.42	6	0.43	6	0.48	6	0.43	6
俄罗斯	0.54	4	0.53	4	0.53	4	0.54	4	0.55	4	0.54	4

表 5-6　　2014—2018 年相关国家贸易便利化水平及排名情况

（五年均值）

国家	TWTFI	等级	国家	TWTFI	等级
比利时	0.851	非常便利	智利	0.684	一般便利
奥地利	0.843		澳大利亚	0.683	
法国	0.838		白俄罗斯	0.650	
德国	0.824		泰国	0.631	
英国	0.823		中国	0.630	
新加坡	0.811	比较便利	亚美尼亚	0.590	不便利
西班牙	0.792		墨西哥	0.583	
日本	0.781		俄罗斯	0.540	
韩国	0.777		秘鲁	0.511	
美国	0.776		哈萨克斯坦	0.510	
加拿大	0.765		印度	0.500	
意大利	0.754		巴西	0.499	
波兰	0.748		吉尔吉斯斯坦	0.430	

平均大幅落后于发达国家。在样本选取的几个发展中国家当中，贸易便利化程度最高的是波兰，2014—2018 年贸易便利化平均得分为 0.748 分，其次是智利（0.684 分），白俄罗斯处于第三位为 0.650 分（次于发达国家澳大利亚 0.683 分）。欧亚经济联盟中除白俄罗斯以外的其他成员国以及墨西哥、秘鲁、印度、巴西同属于第四等级（不便利）。因此，与世界其他国家相比，中国和欧亚经济联盟成员国的贸易便利化水平都有很大的提升空间。

（四）中国与欧亚经济联盟贸易前景预测

1. 模型设定与数据来源

20 世纪 60 年代 Tinbergen（1962）[①] 和 Poyonen（1963）[②] 首次提出用引力模型研究贸易流量，最初的模型设定十分简单，其基本思想是两国双边贸易额与两国经济总量（反映供给能力和市场需求能力）呈正比，与两国距离（反映贸易成本）呈反比。自此之后，引力模型成为研究国际双边贸易流量的经典模型被广泛使用，并不断被加入新的解释变量得到拓展。一般来说，经典的引力模型可表示为：$X_{ijt} = K_0 Y_{it} Y_{jt} D_{ij} A_{ijt}$，其中 X_{ijt} 代表第 t 年 i 国到 j 国的出口量，Y_{it} 代表第 t 年出口国的 GDP，Y_{jt} 代表第 t 年进口国的 GDP，D_{ij} 代表两国之间的距离，A_{ijt} 代表促进或阻碍两国贸易流量的其他因素。在借鉴前人对引力模型研究的基础上，本书将贸易便利化水平评价指标值作为解释双边贸易流量的外生变量纳入模型，将模型设定为如式（5-2）所示：

[①] Tinbergen J., "Shaping the World Eonomy", *The International Executive*, No. 1, 1963, pp. 27-30.

[②] Poyonen P., "A Tentative Model for the Volume of Trade Between Countries", *Weltwirschaftliches Archiv*, No. 90, 1963, pp. 93-100.

$$\ln X_{ij} = \alpha_0 + \alpha_1 \ln GDP_i + \alpha_2 \ln GDP_j + \alpha_3 \ln D_{ij} + \alpha_4 \ln POP_j +$$
$$\alpha_5 \ln Tariff_j + \alpha_6 \ln TWTFI_i + \alpha_7 \ln TWTFI_j + U_{ij} \quad (5-2)$$

有关变量、数据来源及预期符号见表 5-7。

表 5-7 变量、数据来源和预期符号

变量	变量含义	预期符号	理论说明	数据来源
X_{ij}	i 国对 j 国的出口额（现价美元）			UN Comtrade
GDP_i	出口国 i 国内生产总值（现价美元）	正	出口国 i 经济规模越大，出口供给能力越强	世界银行数据库
GDP_j	进口国 j 国内生产总值（现价美元）	正	进口国 j 经济规模越大，进口需求越大	世界银行数据库
POP_j	进口国 j 人口	正	进口国 j 人口规模越大，进口需求越大	世界银行数据库
D_{ij}	i 国和 j 国之间的距离	负	两国之间距离越远，贸易成本越高，贸易量越小	CEPII 数据库
$Tariff_j$	进口国 j 关税水平	负	关税越高，贸易量越小	世界银行数据库
$TWTFI_i$	出口国 i 贸易便利化水平	正	出口国贸易便利化程度越高，贸易量越大	笔者测算
$TWTFI_j$	进口国 j 贸易便利化水平	正	进口国贸易便利化程度越高，贸易量越大	笔者测算

2. 贸易流量的实证分析

本书用 Stata 15 软件对 2014—2018 年中国与欧亚经济联盟成员国之间的贸易流量进行回归分析。回归结果见表 5-8。

模型（1）是最初始的引力模型，只考虑进口国和出口国的 GDP，以及两国之间的距离，回归系数符合理论预期，且统计上十分显著。

模型（2）至模型（5）分别在模型（1）的基础上增加了进口国的人口规模 POP_j、进口国关税水平 $Tariff_j$、进口国贸易便利化水平 $TWTFI_i$、出口国贸易便利化水平 $TWTFI_j$ 这几个解释变量。其中，模型（3）中进口国人口规模的系数为正，符合理论预期，且高度显著，但与此同时，增加了人口因素之后，进口国 GDP 的系数发生了反转，不符合理论预期。考虑到进口国的经济总量与其人口规模具有高度关联性，因此在进口国 GDP 与进口国人口这两个解释变量之间，只保留最直接相关的 GDP 因素。模型（3）中进口国平均关税水平的回归系数与理论预期相符，且回归系数显著，但总体的 R^2 改进不大。模型（4）中出口国贸易便利化水平的回归系数与预期相同为正，但统计显著性不高。模型（5）进口国贸易便利化水平的回归系数与理论预期相符，且回归系数显著，总体 R^2 由 0.471 增加到 0.511。

模型（6）在模型（1）的基础上同时增加关税水平、出口国贸易便利化水平和进口国贸易便利化水平这三个解释因素，关税水平系数为正但统计上不显著，

表5-8 模型回归结果

VARIABLES	(1) Model	(2) Model	(3) Model	(4) Model	(5) Model	(6) Model	(7) Model	(8) Model
$\ln GDP_i$	0.828***	1.023***	0.837***	0.807***	0.906***	0.873***	0.872***	1.289***
	(0.0801)	(0.0566)	(0.0761)	(0.0840)	(0.0927)	(0.119)	(0.119)	(0.0760)
$\ln GDP_j$	0.471***	-1.011***	0.609***	0.494***	0.399***	0.427*	0.440***	-2.251***
	(0.0755)	(0.255)	(0.122)	(0.0889)	(0.0766)	(0.224)	(0.150)	(0.383)
$\ln D_{ij}$	-0.518***	0.0878	-0.976***	-0.895	-1.802***	-3.407**	-3.372**	-4.858***
	(0.150)	(0.211)	(0.309)	(0.615)	(0.456)	(1.523)	(1.471)	(0.953)
$\ln POP_j$		1.940***						3.409***
		(0.364)						(0.431)
$\ln Tariff_j$			-1.731*					
			(0.974)					
$\ln TWTFI_i$				1.556		4.642*	4.573*	7.520***
				(2.474)		(2.724)	(2.623)	(1.829)
$\ln TWTFI_j$					5.302***	7.441*	7.214**	15.100***
					(1.702)	(4.024)	(2.985)	(2.931)
						0.136	0.266	
						(1.692)	(1.179)	

续表

VARIABLES	(1) Model	(2) Model	(3) Model	(4) Model	(5) Model	(6) Model	(7) Model	(8) Model
Constant	-10.04***	-16.10***	-8.144***	-6.051	3.567	20.83	20.22	37.10***
	(11.19)	(1.709)	(2.498)	(2.521)	(5.899)	(4.293)	(17.71)	(16.05)
Observations	50	50	50	50	50	50	50	50
R-squared	0.471	0.567	0.494	0.474	0.511	0.536	0.536	0.768
Number of dum	10	10	10	10	10	10	10	10

注：括号内为标准差，*** $p<0.01$，** $p<0.05$，* $p<0.1$。

出口国贸易便利化水平和进口国贸易便利化水平的回归系数均为正且统计上显著，出口国贸易便利化水平的回归系数小于进口国贸易便利化水平回归系数，说明进口国贸易便利化水平对两国贸易的影响更大。

模型（7）在模型（6）的基础上去掉了统计上不显著的关税水平这一解释变量，模型整体的拟合优度不变，进口国贸易便利化水平，以及进口国GDP的显著性水平均有所提高。

模型（8）再一次将人口因素和进口国关税水平这两个因素纳入模型，除了进口国GDP的回归系数与预期不符、进口国关税水平系数与预期不符但统计上不显著之外，其他变量回归系数均与预期一致，出口国与进口国贸易便利化水平的回归系数大大提高，显著性水平也提高到99%，同时，模型整体的拟合优度也有显著提高。

综合上述几个回归模型，我们可以判断，中国和欧亚经济联盟成员国的贸易便利化水平对于双边贸易具有显著正影响，贸易便利化水平对贸易的影响，比出口国和进口国的GDP、两国间距离等因素要大得多，而且进口国贸易便利化水平比出口国贸易便利化水平对贸易的影响更为显著。从回归结果来看，进口国贸易便利化的系数最低5.302，最高15.100，出口国贸易便利化系数最低4.573，最高7.520，考虑到进口国人口和进口国市场规模的相关性可能导致回归结果不稳健,保守起见本书将采纳模型(7)的回归结果,认为进口国贸易便利化水平每提高1%,中国和欧亚经济联盟成员国的双边贸易流量将增加7.214%,出口国贸易便利化水平每提高1%,双边贸易流量将增加4.573%,回归模型的经验方程如式(5-3)所示:

$$\ln X_{ij} = 0.872 \times \ln GDP_i + 0.44 \times \ln GDP_j - 3.372 \times \ln D_{ij} + 4.573 \times \ln TWTFI_i + 7.214 \times \ln TWTFI_j + U_{ij}$$

$$(5-3)$$

3. 贸易流量的潜力研究

运用引力模型进行贸易流量的潜力估计一般有两种方法,第一种方法是根据经验方程获得模型拟合值,根据拟合值估算双边贸易理论值,再求出实际值与理论值之间的比值,一般认为如果实际值/理论值的比值≤0.8为贸易潜力巨大型,0.8<实际值/理论值<1.2为贸易潜力挖掘型,实际值/理论值≥1.2为贸易潜力再造型,这种方法只是对现有贸易条件下对双边贸易潜力进行估算,并未涉及贸易条件改变之后可能带来的贸易潜力的变化。第二种方法是将贸易条件改变,由此测算可能引致的贸易量的变化,也就是将贸易便利化水平提升到一定的水平,再代入经验方程,以此估计贸易便利化改善所带来的贸易潜力。根据本书的研究目的,本书拟采取

第二种方法，在测算得到的 2018 年中国和欧亚经济联盟成员国贸易便利化水平基础上，借鉴曾铮、周茜（2008）[①] 对贸易便利化水平四个等级的分类，分别将中国和欧亚经济联盟成员国的贸易便利化水平提升一个等级，即将中国、白俄罗斯和亚美尼亚由一般便利提升到比较便利（0.7 分），将其他几个国家由不便利提升到一般便利（0.6 分），估计由此带来的双边贸易量的变化。测算结果见表 5-9。

测算结果显示，如果中国和欧亚经济联盟国家同时将贸易便利化水平提升一个等级，则中国对欧亚经济联盟国家的出口将增加 108.07%，欧亚经济联盟国家对中国的出口将增加 65.68%。分国家来看，如果进口国和出口国均将贸易便利化水平提升一个等级，则中国对亚美尼亚的出口将增加 107.06%，亚美尼亚对中国的出口将增加 82.55%；中国对白俄罗斯的出口将增加 57.70%，白俄罗斯对中国的出口将增加 50.03%；中国对哈萨克斯坦的出口将增加 94.14%，哈萨克斯坦对中国的出口将增加 74.03%；中国对吉尔吉斯斯坦的出口将增加 194.33%，吉尔吉斯斯坦对中国的出口将增加 140.05%；中国对俄罗斯的出口将增加 79.56%，俄罗斯对中国的出口将增加 64.43%。可

[①] 曾铮、周茜：《贸易便利化测评体系及对我国出口的影响》，《国际经贸探索》2008 年第 10 期。

表 5-9　中国和欧亚经济联盟成员国双边贸易潜力测算

出口国	进口国	$TWTFI_i$ 变化 (%)	$TWTFI_j$ 变化 (%)	贸易流量变化 (%)	2018年贸易值（百万美元）	贸易提升值（百万美元）	贸易预测值（百万美元）
中国	亚美尼亚	2.94	—	13.98	53677	7504	61181
		—	12.90	93.08		49965	103642
		2.94	12.90	107.06		57468	111145
中国	白俄罗斯	2.94	—	13.98	34757	4859	39616
		—	6.06	43.72		15196	49953
		2.94	6.06	57.70		20055	54812
中国	哈萨克斯坦	2.94	—	13.98	37340	5220	42559
		—	11.11	80.16		29930	67269
		2.94	11.11	94.14		35150	72489
中国	吉尔吉斯斯坦	2.94	—	13.98	42831	5987	48818
		—	25.00	180.35		77245	120076
		2.94	25.00	194.33		83232	126063
中国	俄罗斯	2.94	—	13.98	48005	6711	54716
		—	9.09	65.58		31483	79488
		2.94	9.09	79.56		38194	86199

续表

出口国	进口国	$TWTFI_i$ 变化（%）	$TWTFI_j$ 变化（%）	贸易流量变化（%）	2018年贸易值（百万美元）	贸易提升值（百万美元）	贸易预测值（百万美元）
亚美尼亚		12.90	—	61.33	107	66	173
	中国	—	2.94	21.22		23	130
		12.90	2.94	82.55		89	196
白俄罗斯		6.06	—	28.81	476	137	614
	中国	—	2.94	21.22		101	577
		6.06	2.94	50.03		238	715
哈萨克斯坦		11.11	—	52.81	8530	4505	13034
	中国	—	2.94	21.22		1810	10339
		11.11	2.94	74.03		6314	14844
吉尔吉斯斯坦		25.00	—	118.83	61	73	134
	中国	—	2.94	21.22		13	74
		25.00	2.94	140.05		86	147
俄罗斯		9.09	—	43.21	56020	24206	80226
	中国	—	2.94	21.22		11886	67906
		9.09	2.94	64.43		36092	92112

续表

出口国	进口国	$TWTFI_i$变化（%）	$TWTFI_j$变化（%）	贸易流量变化（%）	2018年贸易值（百万美元）	贸易提升值（百万美元）	贸易预测值（百万美元）
中国	欧亚经济联盟	中国提升，欧亚经济联盟不提升		13.98	216609	30281	246890
		欧亚经济联盟提升，中国不提升		94.09		203818	420427
		中国和欧亚经济联盟同时提升		108.07		234099	450708
欧亚经济联盟	中国	欧亚经济联盟提升，中国不提升		44.46	65194	28986	94180
		中国提升，欧亚经济联盟不提升		21.43		13970	79164
		中国和欧亚经济联盟同时提升		65.68		42819	108013

以看出，中国和欧亚经济联盟成员国通过提高贸易便利化水平促进双边贸易的潜力巨大。

中国与欧亚经济联盟的经贸合作，既有基于互补性的产业结构基础，又有高于互补性、着眼于产业升级和经济综合能力提升的内在动力，从这个角度上来说，中国和欧亚经济联盟经贸合作潜力巨大。然而，梳理中国和欧亚经济联盟贸易发展历史和现状可以发现，尽管近二十年来双边贸易额以超过中国对外贸易平均增速的速度快速增长，但鉴于其基数较小，双边贸易额总体上仍然较低。对中国和欧亚经济联盟成员国贸易便利化水平的评价显示，中国和欧亚经济联盟成员国的贸易便利化水平普遍较低，这在一定程度上导致了双边贸易额的低下。对双边贸易流量的引力模型回归显示，贸易便利化水平是影响双边贸易流量的显著因素，尤其是进口国贸易便利化水平，平均来说，进口国贸易便利化水平每提高1%，中国和欧亚经济联盟成员国的双边贸易流量将增加7.214%，出口国贸易便利化水平每提高1%，双边贸易流量将增加4.573%。而如果中国和欧亚经济联盟成员国的贸易便利化水平能同时提高一个等级，将带来双边贸易60%以上的增长。

中国和俄罗斯同时面临来自以美国为首的西方力量的围追堵截，外部形势严峻。与此同时，中国和联盟成员国都面临产业升级的内在需求。在此背景下，推进"一带一盟"投资、贸易全方位的对接合作，对于中俄两国降低西方遏制战略的不利影响、优势互补推动各自产业升级、提高经济发展能力，具有重要意义。本部分的分析结论显示，中国和欧亚经济联盟双边贸易前景广阔，潜力很大。若能在中国和欧亚经济联盟之间达成高水平经贸合作协定，建立自由贸易区，切实降低有形壁垒，提高贸易便利化水平，必将极大地释放双方贸易潜力，实现以投资引领贸易、以贸易促进投资的有利局面，推动中国和欧亚经济联盟间产能调整和产业链优化布局，最终促进双方产业升级，提升经济发展能力，实现互利共赢。

（五）中国的战略选择："一带一盟"对接合作的进取方向

2020年是"一带一盟"对接启动5周年。[①] 5年来，在中俄元首战略引领下，"一带一盟"对接成功实现由项目引领向制度引领的转变。2018年5月，中国与欧亚经济联盟签署《中华人民共和国与欧亚经济联盟经贸合作协定》。2019年10月25日，该协定正式生效。执委会一体化与宏观经济政策部部长格拉济耶夫（Сергей Глазьев）指出，该协定是一个双方加深

---

① 《中国与欧亚经济联盟实质性结束经贸合作协议谈判》，http://www.mofcom.gov.cn/article/ae/ai/201710/20171002654057.shtml。

经贸合作的框架性文件，确定了双方合作互动的若干基本原则，更重要的是为双方开展务实合作提供相应对话机制。① 该协定生效后，中国与欧亚经济联盟积极筹建落实协定的联委会。此外，2019年6月双方还签署了另一份重要文件，即《中华人民共和国与欧亚经济联盟国际运输货物和交通工具信息交换协定》。② 2020年，举行了联委会第一次会议。

在对接合作取得的制度成就背后，我们还应该看到，当前成员国贸易事权已经移交至欧亚经济委员会。在能源、投资、服务贸易等领域，成员国间政策协同性也在提高，正在朝共同市场水平前进。因此，中国与欧亚经济联盟成员国原本"一对一"双边合作方式，正在逐步被"一对五"多边合作方式取代。需要指出的是，在中国与欧亚经济联盟成员国务实合作过程中，欧亚经济联盟的规范性力量显著增强。与此同时，欧亚经济联盟成员国对中国市场、资金、交通物

---

① 2019年12月3日，格拉济耶夫在中国社会科学院俄罗斯东欧中亚研究所调研团与欧亚经济委员会执行委员会座谈会上的发言。

② 目前，欧亚经济联盟成员国已经完成该协定的国内立法机关审批程序，这意味着该协定生效在即。2020年12月19日，中国海关与联盟成员国海关部门在哈尔滨举行会晤，专门讨论第一阶段落实该协定的相关工作。值得注意的是，在协定正式生效前，双方已经开始正式磋商协定落实事宜，充分体现了双方对合作的重视度和积极性。根据该协定，中国与欧亚经济联盟成员国贸易中将进一步加快商品过关速度；降低危险商品相互入境的风险；通过交换双方海关信息，将进一步优化海关管理，提高合作效率。

流的需求依然较大。在处理与欧亚经济联盟关系中，中国如何扬长避短、因势利导，实现合作增长？本书认为，应该把握以下原则。

第一，从大战略高度看待欧亚经济联盟建设和"一带一盟"对接合作。欧亚经济联盟的诞生和发展是俄罗斯及其他成员国发展战略选择的结果。对俄罗斯而言，推动欧亚一体化，主导欧亚经济联盟建设，是其短期利益与长期利益相互配比的结果。换言之，推动欧亚经济联盟发展是俄罗斯针对欧亚地区用短期的"有限主导力"换取长期的"有效主导力"的战略举措。通过欧亚经济联盟框架下一系列的制度安排，使俄罗斯的地区主导力放置于欧亚经济联盟制度安排的"笼子里"，比如欧亚经济联盟框架下的区域一体化仅限定在经济领域；欧亚经济联盟决策机制强调的"协商一致"原则，俄罗斯主动"去盟主化"，推举纳扎尔巴耶夫为"欧亚一体化之父"；俄罗斯单方面对亚美尼亚、吉尔吉斯斯坦入盟及入盟后过渡阶段的经费支持等。从长期来看，俄罗斯在欧亚地区的"有效主导力"正在成长，具体表现为：一是俄罗斯在欧亚地区极的地位进一步巩固。① 近年来，在欧亚

---

① 关于地区极性和俄罗斯地区极地位的讨论，可参见肖斌《地区极性、现状偏好与中国对中亚的外交哲学》，《俄罗斯东欧中亚研究》2017年第2期。

经济联盟多边合作的催化下，俄罗斯欧亚战略的手段和资源趋于多元化，外交进取态势明显，且成果颇丰。俄罗斯在欧亚地区基本构筑了以欧亚经济联盟和集安组织为核心的"三环地区体系"，即欧亚经济联盟和集安组织组成其主导的核心区；摩尔多瓦、乌兹别克斯坦、阿塞拜疆等主要战略支点组成其主导的外延区；以乌克兰、格鲁吉亚为代表组成与美西方力量缓冲区。二是俄罗斯主导核心区内的各国利益，正在逐步转化为集体性的制度利益。关税同盟建设以来，其他成员国接受了俄罗斯的主导。[1] 为此，俄罗斯主导的正当性随之提高。在欧亚经济联盟框架内，俄罗斯（规则制定者）和其他成员国（规则接受者）间的稳定契约关系正在逐步固化。由此可见，"一带一盟"对接合作取决于中俄两大地区合作规则制定者之间战略协作的速度、节奏和质量。"一带一盟"对接合作首先是中俄两国战略协作层面问题，其次才是务实合作问题。[2]

第二，从中俄治理共同周边的战略需要出发，妥

---

[1] 王晨星：《欧亚经济联盟：成因、现状及前景》，社会科学文献出版社2018年版，第49—62页。

[2] 张树华、高媛、德·叶夫列缅科、维·沙罗诺娃：《新时代中俄全面合作与欧亚大陆经济空间再拓展》，《俄罗斯研究》2020年第3期；王晨星、姜磊：《欧亚经济联盟的理论与实践——兼议中国的战略选择》，《当代亚太》2019年第6期。

善处理与欧亚经济联盟关系。中俄共同周边地区是两国实现崛起和复兴赖以生存的环境，是国家安全的周边屏障。周边外交是中俄两国大国外交、强国战略的阵地。在共同周边地带，中俄两国必须联手，打造陆上战略纵深，实现稳定周边、发展周边的目标。应在以下几点下功夫：一是利用好上海合作组织平台，进一步完善共同周边地区治理的制度建设；二是推动"一带一盟"对接合作，打造地区务实合作新引擎；三是推动俄方倡导的大欧亚伙伴关系与"一带一路"建设相向而行。

第三，把优化合作的制度环境列为中短期内"一带一盟"对接合作的重点之一。"一带一盟"对接合作作为一种新型跨区域合作的制度安排，其目标作用在于提升制度间相互学习、相互嵌入，形成多制度聚合及制度间和谐共生的局面；避免地区制度出现"意大利面碗"效应，甚至制度间竞争及对抗，造成制度散流化，导致地区治理赤字。换言之，"一带一盟"对接合作在中国与俄罗斯及其他欧亚国家开展经济合作过程中起到不可或缺的制度引流、制度规范及制度激发作用。

第四，在经济合作领域"一带一盟"对接合作的长期目标之一是从简单的贸易互补结构向构建紧密的欧亚区域价值链递进。长期以来，贸易互补性是支撑中国与俄罗斯及其他欧亚国家务实合作的基础。随着世界经济局势复杂多变，贸易保护主义、经济民族主义抬头，中国与俄罗斯及其他欧亚国家提升自身在全球价值链中地位的战略诉求日益强烈。然而，中俄两国参与全球价值链的路径不同，其他欧亚国家在全球价值链中地位相对较低。中国主要依托东亚价值链，俄罗斯依靠参与欧洲价值链。中国在全球价值链中意图从"世界工厂"向"世界创新中心"转变，破除"低端锁定"；俄罗斯在全球价值链中则努力推动贸易结构多元化，从"能源供应国"向"创新型国家"转变，破除"边缘锁定"。以中俄为核心的欧亚区域价值链及跨欧亚区域价值链相对薄弱的现状与中俄两国战略协作发展方向不符。鉴于此，加强双方经贸合作复杂度，实现相互嵌入，推进市场与资源一体化、同领域上下游一体化合作，构建区域价值链势在必行。这也是推动"一带一盟"对接的题中之义。

通过从制度建设、经济合作、政治安全合作角度对欧亚经济联盟效能进行评估可知，自 2015 年运行以来，欧亚经济联盟框架下的制度建设和政治安全合作的收益相对较高，而经济合作的收益相对有限。也就是说，欧亚经济联盟框架下的区域经济一体化的潜力并未充分挖掘，但这并不意味着欧亚经济联盟的失败。与欧洲一体化从经济合作向政治安全合作递进的发展路径不同，对欧亚经济联盟而言经济合作不充分的情况下也实现了制度建设和政治安全合作。欧亚经济联盟框架下的区域一体化是通过制度建设和政治安全合作为牵引，拉动经济合作的模式。

当今世界正处于百年未有之大变局之中，随着发展中国家力量的逐渐上升以及新一轮技术革命和产业变革带来的激烈竞争，国际力量对比发生深刻调整，原有的国际经济格局和世界治理体系受到严峻挑战。全球性问题如新冠疫情、气候变化等影响深远，传统价值链、运输链安全问题引发关切，以意识形态划界的保护主义上升，经济全球化遭遇逆流。同时，大国战略竞争仍在持续、俄乌冲突和巴以冲突的爆发及由此激发的世界的分裂，进一步冲击着原有的国际经济秩序和全球经济治理体系，全球经济面临的形势更加复杂严峻，不确定性不稳定性因素进一步增加。

对中国而言，与欧亚经济联盟保持良性互动有利于进一步改善"三北"（东北、北部、西北）周边环境。为此，中国需合理应对欧亚经济联盟"排他"的一面，也要充分利用欧亚经济联盟"开放"的一面。

参考文献

田春生：《俄罗斯经济外交与中俄合作模式》，中国社会科学出版社 2015 年版。

王晨星：《欧亚经济联盟：成因、现状及前景》，社会科学文献出版社 2019 年版。

王海运：《上海合作组织与中国》，上海大学出版社 2015 年版。

王维然：《中亚一体化研究》，知识产权出版社 2014 年版。

徐向梅：《欧亚经济联盟贸易救济体系研究》，时事出版社 2017 年版。

许涛：《中亚地缘政治沿革——历史、现状与未来》，时事出版社 2015 年版。

杨希燕、唐朱昌：《对接与合作：丝绸之路经济带与欧亚经济联盟》，中国经济出版社 2020 年版。

张彬：《国际区域经济一体化比较研究》，人民出版社

2015年版。

张洁:《中国周边安全形势评估:"一带一路"与周边战略（2015）》,社会科学文献出版社2015年版。

张永安:《区域经济一体化理论与实践》,上海人民出版社2010年版。

张宇燕、李增刚:《国际经济政治学》,上海人民出版社2008年版。

郑羽:《21世纪的中俄美三角关系:单极还是多极世界的博弈》,经济管理出版社2012年版。

郑羽、柳丰华:《普京八年:俄罗斯复兴之路（2000—2008）外交卷》,经济管理出版社2008年版。

郑羽:《独联体十年:现状、问题、前景》,世界知识出版社2002年版。

Глазьев С. Ю., Чушкин В. И., Ткачук С. П. Европейский союз и Евразийское экономическое сообщество: сходство и различие процессов интеграционного строительства. Москва: Викор Медиа, 2013.

Глинкина С. П. Евразийский интеграционный проект: эффекты и проблемы реализации. Москва: Институт экономики РАН, 2013.

Дегтярева О. И., Ратушняк Е. С., Шевелева А. В. Управление внешнеэкономической деятельностью в РФ в условиях интеграции в рамках ЕАЭС. Москва:

Магистр, 2016.

Ершова И. В. Государственное регулирование экономической деятельности в условиях членства России во Всемирной торговой организации, Евразийском экономическом сообществе и Таможенном союзе: Москва: Норма, 2016.

Журова А. С. Торговля услугами в Евразийском экономическом союзе. Москва: Проспект, 2016.

Каширкина А. А., Морозов А. Н. Россия, Евразийский экономический союз и Всемирная торговая организация. Москва: ИНФРА-М, 2014.

Кашкин С. Ю., Четвериков А. О. Право Евразийского экономического союза. Москва: Проспект, 2017.

柴瑜，中国社会科学院拉丁美洲研究所所长，二级研究员、博士生导师。西北大学经济管理学院经济学学士、硕士；南开大学国际经济研究所博士；中国社会科学院世界经济与政治研究所博士后。主要研究领域为国际贸易与外国直接投资、区域经济一体化、新兴经济体经济。曾在《经济研究》、《管理世界》、《世界经济与政治》、《世界经济》、China and World Economy、China Economist 等学术刊物发表论文。曾获安子介国际贸易研究奖、全国外经贸研究成果奖、中国社会科学院优秀对策信息（要报）一等奖等奖项。